KB091749

오만한 서구와
혼혈 얼굴

오만한 서구와 혼혈 얼굴

미용성형을 중심으로 살펴본 중국 여성의 미 인식 변화

아시아의 미 18

초판 1쇄 인쇄 2023년 6월 10일
초판 1쇄 발행 2023년 6월 20일

지은이   태희원
펴낸이   이영선
책임편집   김종훈

편집   이일규 김선정 김문정 김종훈 이민재 김영아 이현정 차소영
디자인   김회량 위수연
독자본부   김일신 정혜영 김연수 김민수 박정래 손미경 김동욱

펴낸곳 서해문집 | 출판등록 1989년 3월 16일(제406-2005-000047호)
주소 경기도 파주시 광인사길 217(파주출판도시)
전화 (031)955-7470 | 팩스 (031)955-7469
홈페이지 www.booksea.co.kr | 이메일 shmj21@hanmail.net

ISBN 979-11-92988-14-6 94300
ISBN 978-89-7483-667-2 (세트)

《아시아의 미Asian beauty》는 아모레퍼시픽재단의 지원으로 출간합니다.

오만한 서구와
혼혈 얼굴

미용성형을 중심으로 살펴본
중국 여성의
미 인식 변화

태희원
지음

서해문집

차
례

prologue

20대 여성 청린과는 상하이(上海)의 한 고급 아파트에 있는 스타벅스에서 만났다. 2014년 5월경이다. 일요일 저녁이었는데 빈자리가 많지 않았고 팝송이 시끄럽게 울리고 있었다. 중앙에 있는 커다란 테이블에는 운동복 차림으로 짧은 머리를 한 젊은 여성이 책을 읽고 있었는데 그 옆에는 타고 온 자전거가 세워져 있었다. 자전거를 카페에 가져다 놓을 수도 있나? 의문이 잠시 들었다. 이곳이 중국이라는 것을 일깨워 준 것은 단오절을 맞아 스타벅스에서 판매하는 쫑쯔(粽子)였다. 쫑쯔는 중국인들이 단오절에 먹는 전통 음식으로 찹쌀을 대나무 잎으로 싸서 삼각형 모양으로 묶은 후 찐 떡이다. 스타벅스에서 판매하는 쫑쯔는 대나무 잎에 싼 젤리였다. 스타벅스는 중국 지역화 전략에 일찌감치 성공한 기업으로 꼽힌다. 중국의 전통적 차 문화를 접목했고 커피 디저트로 전통 음식을 소개했다. 쫑쯔 모양 젤리는 글로벌 소비

청린을 만난 상하이의 고급 아파트 상가. 중국의 타워팰리스라고 불린다. ⓒ태희원

자본주의와 로컬 중국의 문화가 교차하여 생성한 '혼종적' 디저 트인 셈이다.

글을 시작하면서 쭝쯔 이야기를 한 것은 청린이 중국 여성들 이 서양의 미(美) 기준을 모방하기 위해 성형수술을 한다는 이야 기에 강하게 거부감을 드러냈던 것이 생각나서다. 그날 대화는 중국에 미용성형을 하는 젊은 세대 여성들이 급증하고 있다는 것으로 시작했었다. 2000년대 이후 중국의 미용성형 시장은 급 격하게 커졌다. 2015년 기준 국제미용수술협회(ISAPS, The International Society of Plastic Surgery)가 공식 집계한 성형수술 횟수를 기 준으로 할 때 중국은 미국, 브라질에 이어 세계 3위의 성형 대국 에 들어섰다. 중국 온라인 의료 미용 플랫폼 업체인 신양(新氧)의 발표 자료에 따르면 이 순위는 몇 년 사이에 다시 바뀌게 된다. 신양은 2017년 중국이 브라질을 제치고 미국 다음으로 성형수 술을 많이 하는 나라가 되었다고 발표했다.[1] 중국에서 성형수술 을 하는 사람의 90퍼센트는 여성이고 대부분 20대다. 젊은 세대 성형 인구 비율이 높은 것은 아시아 지역의 전형적 특징이며 미 국, 유럽 등의 성형 추세와는 상당한 대조를 이룬다. 미국 성형수 술 소비자들이 안티에이징에 집중하는 반면, 중국을 비롯한 아 시아에서는 젊은 여성들이 '더 나은 외모'를 가지기 위해 성형수 술을 선택한다. 숫자로 미용성형 시장의 증가를 체감하는 나와 달리 청린의 반응은 시큰둥했다. 주변에 성형수술을 한 사람이 거의 없다고 했고 서양인에 대한 모방 이야기를 했을 때는 언짢은 기색이 표정에 드러났다.

서양 사람들 참 오만하네요. 그건 아니죠. 쌍꺼풀이 있고 코가 높고 그러면 아무래도 이목구비가 뚜렷하니까 추구하는 거죠. 그리고 중국인들은 대부분 쌍꺼풀이 있어요. 적어도 속 쌍꺼풀이라도 다 있어서 그렇게 신경 쓰는 사람은 많지 않을 거예요. 또 생긴 게 다른데 똑같이 수술할 수도 없잖아요. 서양인들 보면 모공도 크고 피부도 거칠고. 동양인들은 모공도 작고 피부가 더 좋은 편이죠.

"서양인들은 오만하다"라는 청린의 말은 현재 중국에 사는 젊은 세대가 가진 정서의 한 측면을 드러낸다. 성형수술은 그저 또렷한 이목구비를 만들기 위한 미적 실천일 뿐인데, 여기에 인종적 차원을 겹쳐 서구적 미를 우월시하는 모방 수사를 붙이는 것은 '서구의 오만'이라는 것이다. 서구인들의 외모가 중국인들보다 우월하다고 볼 수 없다는 논거도 덧붙인다. 그녀의 거부감은 중국을 서구의 모방자로 보는 폄하적 시선, 그리고 중국 여성은 자율성과 선택 의지, 권리를 향유하고 있지 못하는 것처럼 전제하는 담론에 대한 불편함이다.

중국의 젊은 세대 여성들은 미용성형을 자유, 개인성, 현대성의 표현이라고 생각하며 소비자로서 권리를 행사하는 소비행위라고 생각한다. 또한 신체적 외모가 개인의 자신감, 자아존중감에 중요하다는 인식이 사회적으로 공유되면서 여성 개인의 미용성형 선택은 이해받고 존중받는 분위기다.[2] 그러나 서구에서 바라보는 아시아의 미용성형은 서구인과의 비교, 인종주의적 프레임 속에서 주로 해석되어 왔다.[3] 동양인의 신체적 특성을 지우고 서구인다운 외모를 갖기 위한 실천이라는 해석이 대표적이다. 이 해석이 문제가 되는 이유는 실제 아시아인들의 미용성형 실천에 대한 심층적 이해와 분석을 시도하기보다 인종주의적 패러다임으로 단순화하여 해석하며 아시아를 서구의 타자로 상정하는 담론을 강화하기 때문이다. 아시아인의 성형수술에 대한 학술적 해석은 대중 담론에서는 더욱 강력한 힘을 발휘한다. 미국의 인기 있는 프로그램인 오프라 윈프리 쇼가 한국인의 성형을 보는 관점이 그 전형적 예다. "Around the world with Oprah"라는 프로그램에서 오프라는 미국 여성들의 성형수술 선택은 '더 나은 몸' 혹은 '정상적인 몸'이 되기 위한 여성들의 주체적 선택으로 본다. 하지만 '아시아인의 미용성형 대표 사례'로 제시되는 한국인의 성형은 여성들이 '아시아인임'을 부인하는 행위로 의미화한다. 이 쇼에서 자기계발 혹은 자기관리의 수단으로써 미용성형 선택의 의지를 긍정하는 '신자유주의적 페미니즘'은 제1세계와 제3세계라는 구분선을 따라 불균등하게 주장되고 있다.[4] 아시아인의 미용성형을 단지 백인답게 보이기 위한 미적 실천으로 아시아 여성의 현재적 주체성 또한 부정하는 결과를 낳는다.

한편, 한국에서 중국을 바라보는 시선 또한 검토가 필요하다. 한국은 한류의 인기와 발전된 성형의료 기술에 힘입어 아시아 국가들에 미 기준과 성형수술 기술을 제공하는 중심국으로 부상했다. 한국은 중국의 성형수술 붐을 중국 미용성형 관광객의 모습을 통해 추측하는데, 중국 여성들은 한국 성형의료 산업의 성공을 증명하는 배경 인물들이 된다. 이들은 때로 한국의 선진적 의료기술의 우월성을 보증하는 데이터로, 혹은 성형의 실패와 위험성을 부각하는 사례로 기사에 등장한다. 여성들이 재현되는 이미지는 성형의료 중심의 틀을 따를 수밖에 없다. 여성들은 한국 성형외과를 순례하는 비포(before) 상태에 있거나 수술을 막 마치고 병원을 나선 애프터(after) 이전 상태에 있다. 국가의 경계를 넘나들며 '변형된 몸'을 갖기를 원하는 중국 여성들의 욕망, 그리고 한국 미용성형이 그 주요한 자원처럼 떠오르는 로컬의 맥락, 즉 사회문화적 조건에 대한 이해를 제약한다. 지금 중국에서 아름다움이란 무엇인지, 외모를 가꾸는 것에 대해 사람들의 생각이 어떻게 변화하고 있는지 또한 알아보기 어렵다.

글로벌라이제이션의 흐름 속에 전 세계는 거대한 시장으로 묶이고 있고, 다양한 상품과 이미지, 상징들이 국가 경계를 넘나들고 있다. 여성의 외모적 아름다움도 전 세계적으로, 그리고 아시아 지역 내에서도 패션 미용, 성형수술, 셀러브리티의 이미지들이 국가의 경계를 넘나들며 사람들과의 접점을 확장하고 있다. 어느 사회건 글로벌 흐름을 타고 오는 미의 이미지나 실천의 영향에서 자유롭지는 않겠지만, 외부에서 온 미의 기준이나 실천들은 '각색'의 과정을 거친다. 글로벌라이제이션은 로컬라이제이션과 함께 이루어지며, 분명하게 연결된다.[5] 현대 중국 사회에서 여성의 이상적 외모에 관한 규범들은 글로벌라이제이션의 흐름과 중국의 역사적·사회문화적 맥락의 접점에서 재구성된다. 글로벌 소비자본주의를 통해 유입되는 미 이미지와 의미들, 실천들은 그 재구성 과정에 관여하는 주요한 변수가 될 것이다. 따라서 중국의 성형수술 붐은 글로벌·아시아 뷰티 경제와 관련성도 있지만, 중국에서 여성성과 미를 규정하는 규범의 변화와 미디어 이미지들의 증폭, 미용의료 산업의 확장, '현대적 중국 여성'으로서 살아가기의 경험과 조건들에 의해 중층적으로 결정된다.

이 연구는 중국 미용성형 문화를 신자유주의 중국 사회의 맥락에서 탐색하여 중국에서 여성 뷰티 이상과 의미를 밝혀내고자

한다. 이는 중국의 여성 뷰티 개념과 젠더 담론, 계급 동학, 국가 정체성, 글로벌 소비주의와의 관계를 탐색하는 과정을 포함한다. 신자유주의 중국 사회(neoliberal china)는 "중국 특색의 사회주의 시장경제"를 가리키며 포스트 마오시대 경제개혁과 자유화를 경험하고 있는 중국 사회를 일컫는다.[6] 중국은 불과 수십 년 사이에 정치적, 경제적으로 극적 변화를 경험했다. 개혁·개방정책의 추진과 WTO 가입으로 글로벌 소비자본주의의 유입이 본격화되었으며 세계 2위의 경제대국으로 부상했다. 중국은 현재 전통과 문화혁명, 개혁개방정책, 그리고 글로벌 자본주의와 소비문화가 뒤섞여 만들어 낸 빛과 그늘이 교차하고 있다. 연구는 뷰티 이데올로기의 변화, 중국과 한국의 미용성형 산업, 성형 롤모델 셀러브리티 경제 등 미용성형 실천을 결정짓는 조건에 대한 분석과 함께, 중국 여성들을 이야기의 주체로 등장시켜 미용성형 실천을 추동하는 동기와 욕망은 어떠한 배경에서 생성되는지, 이들이 추구하는 아름다움의 의미는 무엇인지 질문하고 해석했다.

여성들과의 면접조사는 2014~2021년 사이에 진행했고, 중국 상하이, 베이징, 지난, 하얼빈, 서울, 경기 등에 거주하는 20~30대 여성 16명을 만났다. 여성들은 대부분 대도시에 거주하고 있지만 출신지는 광둥성, 후베이성, 랴오닝장성, 헤이룽장성 등 다양하다. 한국 성형관광에 관한 조사를 위해 피부과에서 통역 아르바이트를 하는 중국 유학생과 성형외과 원장 1인도 인터뷰했다. 면접조사는 직접 만나거나 영상통화와 채팅, 이메일로도 이루어졌다. 2014년에는 상하이에서 지인에게 소개받아 8명의 여성과 면접을 수행했는데, 2018년에는 중국의 한류 팬덤으로 석사논문을 쓴 펑진니에게 면접조사지를 주고 면접을 진행했다. 일반 통역을 통해 조사했을 때 내용이 단순해지는 측면이 있었고, 한국에서 온 연구자로서 인터뷰이를 만났을 때 좀 더 풍성한 내용의 대화가 이루어지지 않는 것 같다는 생각이 들었기 때문이다. 펑진니 씨의 면접조사에서 한국 연구자의 중국 미용성형 연구라는 점은 안내했다. 면접 결과 궁금하거나 보완할 사항이 있을 경우 2차 면접을 실시했다. 2021년에는 중국 유학생의 소개로 1인에 대한 전화 인터뷰를 진행했다.

이 책은 5개의 장으로 구성되었다. 1장 '뷰티 이데올로기의 변화'에서는 중국 근현대사에서 여성성과 뷰티 개념의 변화를 살펴보았다. 1949년 중화인민공화국 수립, 개혁개방정책과 샤강, WTO 가입과 글로벌 소비자본주의 문화의 유입, 미녀경제의 확산, 현대적 중국 여성상의 창조 등이 주요한 장면들이다. 마오시대 중국에서 '미녀'는 반혁명적 단어로 금기시되었으나, 2000

년대 중국에서는 미녀경제가 가장 핫한 단어가 되고 있다. 아름다운 얼굴과 몸매가 곧 돈이며 성공이라는 문구가 상식처럼 퍼져 나갔다. 미녀경제와 대비되면서 창조된 '중국의 현대적 여성상'은 성공한 여성 이미지를 통해 재현되었고, 외면의 미뿐만 아니라 우아한 매너와 풍부한 지식, 대담함, 통찰력 등 현대적 버전의 내면의 미 모두를 갖춰야 한다는 점이 강조됐다. 한편, 뉘한즈(女汉子)와 같이 규범적 여성성을 해체하고 재구성하는 창의적 실천들도 감지된다. 중국의 젊은 세대 여성들은 외모를 치장할 자유를 얻게 됐지만, 여성성에 뷰티를 핵심에 두는 또 다른 규율에 종속되고 있다.

2장은 '중국 미용성형 산업의 역사'를 살펴본다. 동아시아에서 미용성형은 서구 의료기술의 유입이라는 측면에서 일본, 한국, 중국이 유사하지만, 중국은 공산주의 정권 수립으로 인해 다른 경로를 걸었다. 문화혁명 시기를 거치면서 미용성형은 부르주아에 영합하는 기술로 탄압의 대상이 되었고, 개혁개방정책 이후에야 그 얼굴을 다시 내밀기 시작했다. 2000년대 중국의 WTO 가입으로 부와 아름다움을 흠모하는 시대가 시작됐고, 성공을 위해서는 아름다운 외모가 필수라는 '지금의 상식'이 출현했다. IT를 접목한 의료미용 앱을 개발한 CEO들은 의사들의 '마이크'를 낚아챘고 중국 미용성형 문화를 설명하고 산업을 확장하는 앞자리에 섰다.

3장은 '차이나 드림을 좇는 한국 미용성형 산업의 열망과 곤경'을 다룬다. 2000년대 초반 한국 정부는 '메디컬 코리아'를 실현할 대표 사업으로 미용성형 산업을 선정하고 적극적으로 지원했다. 의사들은 중국 시장을 개척하는 기업가로 변모했다. 중국 언론은 한국 미용성형의 상업성, 위험성을 비판하는 담론을 증폭하고 있고, 중국 미용성형 의사들은 한국 의사들의 미용성형 기술을 한국 스타일로 차용하며 실속을 챙기고 있다. 상업화된 한국 성형의료의 문제와 더불어 반한 감정, 중국 특색의 미를 주장하는 여성들의 자부심에서 중국의 내셔널리즘이 엿보이며, 이는 한국 미용성형의 차이나 드림을 곤경에 처하게 만든다.

4장 '셀러브리티 경제와 성형'에서는 중국에서 미용성형과 관련한 화제들을 만들어 내는 중국의 여성 셀러브리티들을 다뤘다. 중국의 미용성형 담론은 서구적 혹은 한국적 미(美)의 추종이 아니라 중국 내부에서 인정받는 아름다운 얼굴의 예시를 찾고 이와 관련한 중국 내부와 관념과 가치들에 관한 이야기로 변모하기 시작했다. 셀러브리티를 둘러싼 미용성형 스토리에는 부와 인기에 대한 열망, '중국 특색'에 대한 자부심, 글로벌 패션 뷰티의 화려함에 대한 흠모가 자리한다. 여성 셀러브리티에 대한 관심과 외모 논평은 미용성형 서사와 병렬 배치되며, 의혹 혹

인터뷰 참여자들

번호	이름 (가명)	성별	나이 (인터뷰 당시)	거주지(출신지)	하는 일	미용성형 경험	인터뷰 시기
1	청린	여	22세	상하이(헤이룽장성)	대학생	없음	2014
2	리후이	여	21세	상하이(헤이룽장성)	대학생	없음	2014
3	위짜잉	여	20세	상하이(신장)	대학생	없음	2014
4	로린	여	22세	상하이(광서)	대학생	쌍꺼풀	2014
5	메리	여	34세	상하이(상하이)	직장인/ 네일숍 사장	보톡스, 필러	2014
6	류신	여	30대	상하이(선양)	직장인/ 외국계 기업	없음	2014
7	짱이	여	26세	상하이(후베이)	직장인/ 한국 기업	없음	2014
8	메이린	여	20대	서울(웨이하이)	대학생	없음	2015
9	니니	여	20대	서울(하얼빈)	대학생	없음	2015
10	티안신	여	20세	서울(광둥성)	대학생	쌍꺼풀	2018
11	앤시아오	여	31세	베이징(후난성)	직장인/ IT 기업	쌍꺼풀, 코	2018
12	리슈앙	여	22세	지난시(산둥성)	대학생/ BJ	쌍꺼풀, 코성형, 얼굴 지방 흡입, 얼굴 지방이식, 실리프팅, 보톡스, 필러	2018
13	징천	여	24세	상하이(산시성)	직장인	쌍꺼풀, 코성형	2018
14	린린	여	26세	경기도(랴오닝성)	직장인	지방흡입	2018
15	레이	여	26세	선양(선양)	직장인	쌍꺼풀	2021
16	샤오단	여	20대	서울(상하이)	직장인/ 통역 지원	없음	2018
17	K원장	남	-	서울	성형외과 원장		2015

주. 연령은 인터뷰 당시 나이를 기준으로 함

은 진실과 무관하게 미용성형의 가능성을 예시하는 지식들을 생산한다.

5장 '더 아름다운 얼굴 만들기'에서는 중국 젊은 세대 여성들의 미용성형 경험과 의미를 분석한다. 미용성형 경험은 글로벌·아시아 뷰티경제와의 접속, 일상적 외모 차별과 부모의 기대, 문화적 내셔널리즘이 얽혀 있는 장 안에서 구성된다. 여성들은 젊음과 뷰티를 사회적 인정과 경제적 이익으로 교환하고자 하는 주체적 의지를 나타내지만, 여성이 보여지는 존재라는 점에 대해서는 수긍하는 태도를 보인다. '현대적 중국 여성의 얼굴'이 이상화되면서 고급 얼굴과 저급 얼굴이라는 차별적 이분법이 생성된다. 최근에는 '이상적으로 생각하는 서구 백인'과 아시아인의 혼혈 얼굴이 성형롤모델로 인기를 얻고 있다. 혼혈얼굴은 서구적인 미에 대한 각색과 변형, 어리고 유순한 여성상의 강조, 비백인 인종에 대한 혐오 정서를 흡수하면서 팽창하는 중국 미용성형 시장의 얼굴이다.

I

중국 뷰티
이데올로기의
변화

미녀는 반혁명적
단어

지하철을 타고 도착한 곳은 상하이 인민광장(人民廣場)역과 연결된 래플스 시티 쇼핑센터(Raffles City Shopping Center)였다. 래플스 시티는 싱가포르 계열 백화점으로 2004년에 상하이에 들어왔다. 고가의 명품이 아니라 괜찮은 가격대의 최신 유행 브랜드들이 입점해 있고 다국적 취향의 먹거리를 판매하고 있어 젊은 이들에게 인기가 많다. 처음에는 인터뷰 장소가 인민광장이라고 해서 정말 광장에서 만나는 것으로 착각했었다. 광장이 보통 백화점을 지칭한다는 사실을 안 것은 광장 이름이 붙은 백화점 몇 곳을 다녀본 후였다.

베이징대학교 중문학과 교수 다이진화(戴錦華)는 '광장'이 중국의 현대 문화풍경을 읽어 내는 흥미로운 번역어라고 말한다.[1] 1990년대를 전후하여 도시에는 백화점, 슈퍼마켓, 헬스클럽, 오피스텔 등이 한곳에 모인 초대형 건물들이 등장했는데, 중국인들은 이 건물들에 '플라자(plaza)'를 번역한 '광장(廣場)'이라는 명칭을 붙였다. 각종 여가·오락 잡지에 최신 유행 소식을 전하는 코너에도 광장이라는 이름이 붙었다. 중국 근현대사에서 광장은 혁명과 진보, 변혁을 요구하는 이들이 집결하는 공간으로 보통 명사 이상의 의미를 지닌다. 그러나 21세기 중국에서 광장이라는 단어는 중국 대도시의 국제화 혹은 세계화를 증명하는 소비 공간이 되고 있다. 칸막이로 구분된 상점들은 다국적 브랜드의 상품을 판매하고 사람들은 개별 소비자가 되어 최신 유행 트렌드를 향유하고 희망과 흥분, 열광적 기쁨을 느끼기 위해 '광장'을 찾는다.

20대 리후이는 상하이의 금융대학에 다닌다. 주말이면 친구와 함께 인민광장 주변을 돌아다니며 쇼핑하는 것이 취미다. 서울로 치면 명동이나 강남역 근처가 젊은이들의 핫플레이스가 되는 것과 비슷하다. 번잡한 사람들의 무리를 빠져나와 자리를 잡은 곳은 래플스 시티 뒤편 영국풍의 고급 홍찻집이었다.

'그 시대'는 보수적이었잖아요. 옷도 회색, 흰색, 파란색 계열만 입었고요. 요즘 밖에 나가서 보면 어디나 다 화려하고 다양하게 옷을 입고 있어요. 그때는 중국 여성들의 권리가 낮았고 지금은 여성운동이나 그런 것들로 여자들의 지위가 올라갔어요. 그러니까 이제

자기한테 좀 더 투자해야죠.

'그 시대'는 마오쩌둥(毛澤東)이 지배하던 시대다. 그즈음 나는 마오시대 포스터에 등장하는 여성들의 이미지에 관심을 가지고 있었다. 화장품과 다이어트, 성형수술 등 여성의 신체를 갈고닦는 것이 일상화된 한국에 살다가 체구가 큰 여성이 푸르스름한 인민복을 입고 용접마스크를 살짝 올리고 웃는 모습에서 건강한 매력이 느껴졌다. 여성이 중공업 분야 육체노동자로 일하는 모습도 인상적이었다. 성별에 따른 구분 없이 노동하는 세상 같아 좋아 보였다. 내가 가진 복합적 호기심이나 흥미로움과 달리 리후이의 반응은 언뜻 싱겁게 느껴졌다. 과거와 달리 지금 여성들은 다양한 색깔과 화려한 의상을 입을 수 있다는 것. 이는 중국에서 여성의 지위 상승과 자유를 상징한다고 말하고 있었다. 다시 생각해 보면 그녀의 답변은 '겨우 복장'에 관한 것이 아니었다. 마오시대 중국을 방문한 외국인들은 "중국은 온통 잿빛이었다"라고 기억한다. 중국인들은 여성, 남성 할 것 없이 마오슈트라고 일컬어지는 유니폼을 입었고, 이 획일화된 복장은 계급적 차이뿐 아니라 성별에 따른 차이 또한 드러내서는 안 되는 당시의 금기를 상징했기 때문이다.

1949년 중국 공산당은 장기간의 내전에서 승리하고 중화인민공화국을 수립했다. 마오쩌둥은 여성에게 정조, 순종, 모성을 강조했던 봉건주의 문화 타파를 선언했고 "여성이 하늘의 반을 떠받친다(婦女能頂半邊天)"라는 구호를 내세우며 남성과 동등한 생산자로서 여성의 역할을 강조했다. 마오의 진정한 관심사는 성평등이나 여성 해방은 아니었다. 여성 노동력을 중국 생산노동의 증대와 국가 발전을 위해 활용하는 것이었다. 중국 사회주의의 정당성과 진보, 국가 부흥의 이상향은 선전 포스터와 책, 영화 등에서 여성의 이미지를 통해 재현됐다. 영웅적이고 헌신적인 '철녀'(鐵姑娘) 이미지가 대표적이다. 철녀는 '단단하다', '굳세다'라는 뜻을 가진 티에(鐵)와 처녀, 아가씨를 뜻하는 구냥(姑娘)을 조합한 단어다. 한국어로는 여걸, 여장부로도 번역된다. 철녀는 집 밖에서 노동하는 활동적 여성을 칭송하는 호칭이었다. 남성적 일로 간주되었던 분야에서 남성과 다르지 않게 노동하는 여성들의 이미지는 중국 사회주의의 진보와 발전을 선전하는 데 효과적이었다. 당의 선전물에는 여성들이 기차, 트랙터를 운전하고 용접마스크를 쓴 모습으로 등장했다. "우리는 산업화에 참여하는 것이 자랑스럽습니다." 포스터에서 여성은 용접마스크를 들어 올리며 웃음을 짓고 있고, "여성 트랙터 운전사" 포스터에는 양 갈래로 머리를 땋은 소녀가 윗옷을 어깨에 둘러메고 트랙터에 비스듬히 기대어 서 있다.[2]

我們爲參加國家工業化建設而自豪

우리는 산업화에 참여하는 것이 자랑스럽습니다, 1954

여성 트랙터 운전사, 1964

여성과 남성이 동등하다는 당의 슬로건은 여성이 일과 가사를 병행하면서 경험하는 고충을 공론화하는 기회를 차단했다. 도시 여성들은 보육시설이나 공동식당에서 일정 부분 도움을 받기도 했지만 그것이 모든 여성의, 모든 집안일을 대신해 주지는 못했다. 정치적 신념을 공고히 하는 모임과 교육에서 여성 삶의 특수성과 노동 부담은 거론되지 못했다.[3]

문화대혁명(文化大革命) 시기에 이르면 여성의 외모를 치장하는 화장이나 의류는 탄압의 대상이 됐다. 이상적 노동자의 형상이 아니고 부르주아적 소비 행위와 연관된다는 이유에서였다. 문화적으로도 나쁜 것으로 의미가 붙여졌다. 책이나 영화에서 외모를 꾸미는 여성들은 나쁜 계모나 제후 등 사악한 캐릭터였다. 여성에게 화장은 국영 공장에서 나오는 비누가 다였고, 화장으로 눈에 띄려 하는 것은 속물적이며 혁명에 반하는 행동으로 여겨졌다.[4]

《상하이의 삶과 죽음》의 저자인 니엔쳉은 당시 중국에서는 "가난해 보이는 것이 안전하고 유행에 맞는 차림"이었다고 말한다.[5]

중국에서는 이제 더 이상 누구도 그가 입은 옷으로 사람을 평가할 수 없었다. 모든 사람이 프롤레타리아, 중국어로는 '우찬제'[무산자

(無産者), 재산이 없는 사람]처럼 입으려고 애썼기 때문이다. 중국 사람에게는 가난해 보이는 것이 안전하고 유행에 맞는 차림이었다.[6]

계급 차이뿐 아니라 성별 차이를 외모에 드러내는 것도 죄악시되었다. 호전적인 홍위병과 혁명대원들은 사치품을 파는 가게를 쓸어버리고 길 가는 사람들을 불러 세워 긴 머리와 스커트를 자르고 구두 굽은 부러뜨렸으며 모욕감을 주었다. 니엔쳉은 상하이 거리에서 목격한 장면을 다음과 같이 기술한다.

갑자기 내 앞에서 홍위병들이 젊고 예쁜 여자를 붙드는 바람에 나는 깜짝 놀랐다. 홍위병 하나가 그녀의 구두를 벗겼고, 세 번째 홍위병이 그녀의 바짓가랑이를 찢었다. 홍위병들이 소리쳤다. "왜 끝이 뾰족한 구두를 신는 거요? 왜 통이 좁은 바지를 입소?" "난 노동자예요. 자본가 계급이 아니라고요! 날 놔줘요." 처녀는 저항하느라고 애를 썼다.[7]

여성은 남성과 동질적인 노동자 정체성을 수행하기 위해, 여성성, 여성 삶의 특수성을 부재한 것으로 만들기 위해 더 많은 대가를 치러야 했다. 이를 통해 여성은 남성과 동등하게 국가에 기여하는 '동무' 호칭을 얻었다. 여성은 과거 봉건사회에서 정조를 지키고 순종적이며 헌신적 모성을 수행하도록 억압받았다면, 마오시대 신중국에서는 중국 사회주의의 진보와 경제 발전을 이상화하는 중성적 노동자의 형상에 종속되었고 대가를 치렀다. 포스터에 등장하는 '철녀'는 육체적 강인함, 가사와 자녀 양육의 책임에서 자유로운 남성 노동자의 특성을 우월한 가치로 인정하는 당시의 사회구조에서 중국 사회주의의 진보를 재현하기 위해 창조된 것으로 보아야 맞을 것 같다.

개혁개방정책과 뷰티 · 여성성의 귀환

서구 패션 · 뷰티 문화의 유입

마오시대 마치 존재하지 않았던 것처럼 취급되었던 여성성이 귀환한 것은 중국에 '소비'라는 것이 시작되면서부터였다. 변화는 마오쩌둥 사후 중국의 지배자로 등극한 덩샤오핑(鄧小平)의 개혁개방정책에서 시작되었다. 덩샤오핑은 마오쩌둥에 대한 숭배나 사회주의 이데올로기에 대한 교조적 추구보다 경제발전을 목적으로 한 실용적 체제 운용을 선택한 지도자다. '검은 고양이든 흰 고양이든 쥐만 잘 잡으면 된다'는 흑묘백묘론(黑猫白猫)은 공산주의건 자본주의건 중국을 위해 실용적으로 택하겠다는 그의 의지를 담고 있다. 1990년 덩샤오핑은 그의 시장개혁 노선에 반발하는 세력들이 당 내부에서 힘을 더해 가자 선부론(先富論), "부유해지는 것은 영광스러운 일이다"라는 대담한 선언을 발표했다. 1992년 중국 남부의 경제특구를 즉흥적으로 방문한 남순강화(南巡講話)에서 선언한 것으로 해안 지역을 우선적으로 개발하고 그 열기를 중국 내륙으로 확장하겠다는 논리에 정당성을 부여했다. 선부론은 또한 소비에 대한 중국인들의 인식을 전환하는 데 지대한 영향을 미쳤다. 남들보다 부유해지는 것은 부르주아 계급이라고 타파의 대상이 되는 것이 아니라 오히려 영광스럽고 자랑스러운 것이라는 점을 국가가 승인해준 셈이었다. 선부론은 현재까지도 많은 중국인을 사로잡는 문구가 되었다.

개방정책으로 외국 상품과 이미지들이 중국 사회에 유입되었다. 사람들은 마오시대의 금기에서 벗어난 것을 자축이라도 하듯 과거 '부르주아적 경박함'이라고 비난받았던 아이템들을 구입하는 데 열정을 보였다. 돈만 있으면 서구와 접속하고 그 모든 것을 가질 수 있는 것처럼 보였다.[8] 도시 중국인들의 거실에 MTV가 방송되고 서양 상품을 수입하거나 짝퉁을 파는 숍들이 넘쳐 났다. 여행을 제한하는 많은 조치도 사라졌다. 고가의 외국 브랜드 패션 제품이나 화장품은 지위를 나타내는 외부적 징표가 되었다. 구하기가 쉽지 않고 가격도 비쌌기 때문이었다. 다만 다른 사람이 그것을 알아차리지 못한다는 점이 문제라면 문제였다. 이 때문에 한동안 브랜드 태그가 달랑거리는 선글라스나 라벨이 바깥에 붙은 슈트를 입는 것이 유행하기도 했다.[9] 1980년대 중국에서 활동한 미국 작가 오빌 셸(Orville Schell)은 "부유한 사람들은 성형수술로 아시아인의 신체를 수정하는 방법을 택하기도 했다"라고 설명한다. 그는 베이징에서 단독으로 성형 클리닉을 운영하는 의사에게 "이 작고 원시적인 것처럼 보이는 병원에서 무엇을 하느냐"라고 묻는다. 의사는 "여드름 흉터를 지우고 쌍꺼풀을 만들어 눈을 크게 하고, 코를 높인다. 그러나 유방을 키우거나 허벅지나 엉덩이를 줄이고 다리를 길게 하려면 병원에 가야 한다"라고 답변했다.[10] 1980년대 상하이의 병원 한 곳에서만 무려 만 명이 성형수술을 했다고도 알려진다.

거리에 전시되는 여성들의 이미지도 근본적으로 변화를 겪었다. 중성적 인민복을 입은 여성 노동자 이미지는 화려한 패션과 화장으로 몸을 감싼 모델에게 자리를 내주었다. 여성성과 뷰티는 가장 잘 팔리는 상품이었다. 세탁기나 요리 기구, 시계, 텔레비전, 치약, 화장품 등 온갖 제품 광고는 여성의 이미지와 함께 길거리 게시판을 채웠고, 대중잡지들은 패션, 뷰티, 라이프스타일에 집중했다. 모순적이게도 이 시기는 많은 여성이 일자리를 잃고 집으로 돌아가야 했던 때였다. 글로벌 소비문화는 거대한 규모로 유입되었지만, 대다수 여성은 이 화려한 소비에 접근할 기회에서 점점 더 멀어졌다. 샤강(下崗)[11]의 영향이 컸다.

개방정책은 중국 내 개혁정책과 함께 진행됐다. 1980년 이후 국영기업에 대한 대규모 구조조정으로 실업 사태 샤강이 휘몰아쳤다. 과거 중국인들은 당에서 배정해 주는 대로 특정 공장의 특정 부서에 배치되어 일하는 것이 평범한 직업 경로였다. 대다수 노동자가 속한 단위 체제는 고용관계뿐만 아니라 직원의 생로병사에 따른 복지를 보장해 주는 사회구조로 기능했고 중국인들에게는 생존의 안전망이기도 했다. 그런데 한 해 수천만 명의 노동자가 샤강 대상이 되었다. 1993년에서 2001년 사이에 4300만 도시 노동자가 해고당했는데 이는 중국 전체 도시 노동자의 4분의 1에 해당하는 수치였다.[12]

샤강의 물결은 여성과 남성 모두에게 행해졌지만, 집으로의 귀환을 정당화하는 담론은 여성을 향했다. '생계 부양자 남성과 가사 전담자 여성'이라는 이분법적 성 역할 담론이 되살아났다. 가정주부 대신 전업주부라는 말이 등장했고 부인과 어머니는 성공적 직업처럼 묘사됐다. '여성이 귀가해야 가정이 안녕하다'는 부녀회가론(婦女回家論)이 부각됐다. 전국부녀연합회(中华全国妇女联合会)[13]는 관영 잡지 《중국부녀(中国妇女)》에 농촌이 시장개혁으로 부유해져서 여성들이 전업주부로 전향했다는 기사를 자주 내보내며 부녀회가를 강조했다. 여성잡지에서 여성들은 남성의 부에 기댄 소비 능력과 전통적 여성상이 결합한 형태로 등장했다. 섹시한 중산층 전업주부가 가장 부각되는 여성 이미지였다.

과거에는 미녀 직장 여성이었지만 지금은 호화로운 아파트나 교외 별장에 사는 전업주부 이야기를 천편일률적으로 내보냈다.

> 그녀들은 '좋은 고등교육을 받았고 한때 상당히 괜찮은 일과 수입을 가졌던' 여성들로 '전통 의식 속의 가정주부'와 달랐습니다. (…) 이들 '행복한 여성'은 여유가 있지만 한가롭지 않았습니다. 매일 바쁘게 '미용실, 헬스클럽, 찻집, 테니스장을 출입하고, 발레, 다도, 도예를 배우고 살롱과 파티에 참석하느라 바쁜 여주인'이었습니다. (2000년 생활시보)[14]

한 가전기기 업체는 '사랑하는 아내'라는 이름의 세탁기를 출시했고, 전업주부를 뜻하는 '타이타이(太太)' 화장품 회사는 남편이 아내에게 "당신은 너무 아름다워. 당신을 바라보는 것은 결코 싫증이 나지 않을 거야" 같은 카피의 광고를 내보냈다. 당시 여성운동가와 사회복지사들은 이들 광고가 아름다움, 젊음, 전업주부를 이상화하고 있으며 여성은 남성과의 관계 속에서만 자아를 확인받을 수 있다는 전통적이고 성차별적 관념을 부활시킨다고 비판했다.

광고의 주요 테마는 전업주부와 뷰티다. 집안일을 하는 여성을 행복하고 여유 있으며 만족해하는 아내로 표현하고 있다. 집안일을 여성의 책임으로 떠넘기고, 여성은 남성을 정복함으로써 세계를 정복할 수 있다는 메시지를 던진다. 분명히 성차별적이다. 또한 여성은 남성과의 관계에서만 자신을 확인받을 수 있다는 중국의 전통적 신념을 보여 주는 것이다.[15]

광고주들은 광고 중단을 요청하는 편지에 광고는 중국의 객관적 현실을 반영한 것일 뿐이라고 응수했다. "아빠들보다 엄마들이 대부분 요리를 담당하고 있는데 단지 성평등을 위해 시즈닝 제품 광고에 남자 모델을 쓸 수 있겠는가?" 광고주들의 대응은 마오시대에도 가정에서 남성과 평등하게 대우받지 못한 여성 억압의 긴 역사, 그리고 여성에게 '가정의 엄마'로 돌아가라고 요구하는 당시의 샤강 분위기에서 당당했다.[16] 샤강이라는 사회구조 변화와 짝을 이룬 문화 담론인 부녀회가론은 중국에서 여성과 여성 노동자의 위치는 성평등이 아니라 국가의 경제적 상황에 종속되어 있다는 것을 여실히 보여 줬다.

여성성의 핵심에는 화려한 패션·뷰티 문화가 자리 잡기 시작했다. 중국 경제성장을 위한 시장개방으로 인한 효과였다. 중국은 세계무역기구(WTO)에 가입하면서 화장품과 패션 시장을 일차적으로 개방했다. 중국에서 만든 상품을 글로벌 시장에 내다

팔 수 있는 자격을 얻는 대신 자국의 시장 또한 개방하여야 했다. 화장품과 패션 시장은 장차 중국이 수출로 경제성장을 하기 위한 불가피하고도 작은 희생으로 간주되었다. 화장품에는 점점 더 낮은 관세가 부과됐다. WTO 가입 이전인 1997년에 55퍼센트이던 것이 2001년 20퍼센트, 2005년에는 10퍼센트까지 내려가면서 외국 화장품 회사들의 중국 시장 진출은 가속화되었다. 화장품이 소비되려면 화장품이 무엇인지, 어떻게 사용하는지에 대한 학습이 선행되어야 한다. 에이본(Avon), 메리케이(Mary Kay) 등 화장품 방문판매 여성들은 중국 곳곳의 여성들을 직접 만나며 중국 여성들에게 새로운 여성성의 이미지를 설득하고 화장품 사용법을 안내했다. "가격을 고민하는 이들에게는 미국 여성들도 이 제품을 사용한다고 말하라"라는 세일즈 팁은 방문판매 여성들이 받는 교육 내용에 포함되었다.[17] 서구는 발전된 이상향이자 서구 여성처럼 꾸미고 치장하는 것은 현대적이고 세련된 여성성을 수행하는 방법으로 제시됐다.

2005년에는 외국계 광고회사까지 개방이 허용되면서 여성 소비자를 유혹하는 브랜드들이 넘쳐났고 패션잡지는 중국 여성들에게 화려한 상품의 스펙터클을 구경하는 재미를 선사했다. 코즈모폴리턴, 엘르, 메트로폴리스 등 외국발 패션, 뷰티 잡지들이 여성 독자들을 타기팅하며 시장을 점령해 갔다. 한때 패션잡지 《코즈모폴리턴》은 잡지를 두 권으로 나누어 발행하기까지 했다. 한 권으로는 너무 두꺼워 보기 어려울 정도로 광고 분량이 많았기 때문이다. 봉건사회와 혁명시대 단순했던 여성상들이 보다 복잡하게 변주되었다.[18] 2004년 판매량이 많았던 잡지 광고들을 분석한 결과 노출 빈도가 가장 높은 이미지 1위는 '세련된 도시 여성'으로 44퍼센트를 차지했다. 상류층 특징을 집약하고 있는 이 이미지는 명품을 소유하는 데 관심이 많고 화려하게 여가를 즐기는 여성이다. 2위는 '꽃병형'과 '강한 여성형'이다. 각각 12퍼센트를 차지했다. '꽃병형'은 외형적으로 아름다운 여성이다. 얼굴, 피부, 몸매를 가꾸는 데 많은 노력을 기울인다. 젊어보이는 데에도 관심이 많은 부류다. '강한 여성'은 똑똑하고 재능있으며 확신에 찬 전문직 여성으로 꽃병형과 같은 비율을 나타냈다. 남성에게 경제적으로 의존하며 남편과 자녀를 돌보며 가정에서 살림하는 '양육자 여성'은 가장 낮은 비율 4퍼센트로 나타났다. 꽃병형과 양육자형이 전통적 여성상에 보다 부합한다면 세련된 도시 여성과 강한 여성은 현대적 이상형에 가깝다. 그렇다고 현대적 여성상이 전통적 여성상을 완전히 대체하고 있지 않다. 화려한 삶에 대한 기대와 젊고 아름다운 외모, 프로페셔널로서의 자부심이 현대적 중국 여성의 라이프스타일을 표현하는 핵심 요인으로 떠올랐다.

미녀경제(美女經濟)

2000년대 초반 중국에 '미녀경제'라는 신조어가 등장했다. 미녀경제는 여성의 외모를 이윤 창출의 원천으로 활용하는 산업 전반을 일컫는다. 중앙정부뿐만 아니라 지방 곳곳 읍, 성 등의 정부, 기업에 이르기까지 미인대회를 개최하며 구경꾼을 모았고, TV 쇼나 영화, 화장품, 미용성형 센터, 다이어트 상품, 피트니스 프로그램, 뷰티 살롱 등이 유행했다. 무역박람회, 대형 쇼핑센터 오픈, 고급 호텔의 리셉션 장소에서 중국 미녀들을 발견하는 것은 어려운 일이 아니게 되었다.[19] 2000년대 초 미녀경제는 부동산 산업에 이어 2위의 시장 규모를 과시하며 가장 성공적이고 생산적인 경제 영역이 되었다.

노동시장에서 여성의 지위가 후퇴함과 동시에 여성성의 핵심에 뷰티가 들어왔다. 여성들은 미녀 되기의 강박 혹은 계산을 경험하게 되고 볼거리로 상품화되는 상황 속에 더 자주 있게 되었다. 경쟁적 노동시장에서 미녀가 가지는 '실용적 가치'가 부각됐다. 저장성 시골 보급판매 협동조합에서 점원으로 일했던 루씨의 인생 역전 스토리가 적절한 사례다. 가난한 농민 출신 부모를 두었지만 아름다운 얼굴과 대단한 몸매를 지닌 덕분에 1993년 지방 미인대회에 참가하여 수상했고 이후 전국대회에서도 우

승했다. 그녀는 정부 무역국 홍보실에 취직했다. 시골 지방에서는 루씨처럼 성공하기를 꿈꾸는 여성들이 미인대회 띠를 두르고 불꽃놀이용 화약이나 꽃바구니를 들고 자신을 볼거리로 전시했다.[20]

중국 정부는 미녀산업의 부흥을 칭찬하고 투자를 아끼지 않은 주요한 행위자였다. 국제 미인대회를 중국과 전 세계를 연결하는 상징적 사업으로 적극 내세웠다. 2003년 12월 '아시아의 하와이'를 표방하는 하이난성(海南省) 산야(三亞)에서 중국에서는 처음으로 국제 규모의 미인대회인 제53회 미스월드 선발대회가 열렸다.[21] 2005년 중국 여성 우 웨이가 미스 유니버스 선발대회에 나갔을 때는 1억 3천만 명의 중국인이 대회를 생중계로 시청했다. 미녀를 볼거리로 내세웠을 때 상업적 수익이 얼마나 대단할 수 있는지 무한한 잠재력을 보여 준 사건이었다. 2004년에는 수도 베이징의 인민대회당에서 미스 인터내셔널 대회가 열렸다. 중국의 원로 군인들은 "나쁘지 않군"이라고 자그마하게 감탄하며 무대 위 미녀들을 감상했다. 중국의 미녀를 세계에 과시하는 일은 민족주의적 자부심을 불러일으키는 역할을 한다.[22] 연구자 웨이 루(Wei Luo)가 만난 중국 여성은 2003년 미스월드 선발대회에 참여한 미스 차이나 관치진(關琦今)에 대해 다음과 같이 말한다.

중국이 이른바 "미녀경제"라는 것을 마침내 갖게 되었다는 것에 그렇게 놀라지는 않아요. 글로벌 무대에서 패션의 일부분이잖아요. 서구 국가들은 미인대회 전통이 꽤 오래되었고 여성들은 뷰티 중심의 활동에 참여해 왔습니다. 이와 대조적으로 중국 여성들은 국제적 무대에 뒤처져 있었잖아요. "미스 월드"나 "미스 유니버스" 같은 대회가 세계 곳곳에서 열리는데, 이제 중국도 개최할 타이밍이 된 거지요, 안 그래요? 관치진(關琦今)과 같은 미인대회 참여자들은 자기 자신을 자랑스러워해야 해요. 그들은 열심히 노력했고 중국을 멋지게 보여 주었습니다. 그들의 아름다움은 굉장히 높은 가격이 매겨질 가치가 있지요.[23]

2008년 베이징 올림픽은 중국이 자국의 개방성과 선진성, 그리고 글로벌한 취향을 보여 주기 위해 중국의 미녀를 적극적으로 활용한 사례였다. 영화감독 장이머우(張藝謀)가 연출한 올림픽 개막식은 중국의 야망과 자신감을 전 세계에 과시하는 장이었다. 화약, 문자, 항해술 등 고대 중국의 자랑거리들이 중국의 현대적 테크놀로지를 통하여 화려한 스펙터클로 표현됐다. 치파오(旗袍)를 입은 중국의 미녀들 또한 시선을 집중시켰다. 시상식 도우미들은 미인대회 출전자들보다도 세부적이고 정교한 수치 기준들을 통과해야 했다. 중국 문화의 이미지에 부합하는 중국 미녀의 기준은 언론에 다음과 같이 공개됐다. "베이징과 상하이 소재 대학 20곳의 지원자 5000명 중 나이 18~25세, 키 168~178 센티미터, 가슴·허리·엉덩이둘레까지 꼼꼼히 체크한 뒤 도우미를 뽑았다"[24] 도우미 후보자들은 스튜어디스를 양성하는 학교에서 치아가 6~8개 보이게 웃을 수 있도록 연습했고 올림픽 지식을 학습했으며 에티켓 훈련을 받았다. 치파오를 입은 도우미들은 올림픽 최대 볼거리로 외국 언론의 집중을 받았다. 2010년 광저우 아시안게임에서는 도우미 의상의 비침이 더욱 심해져서 선정적일 정도라는 평가를 받았다. 2012년 런던 올림픽에서 청년들을 도우미로 내세우면서 베이징 올림픽의 시상식 도우미는 여성을 볼거리로 상품화한 대표적 사례로 오명을 뒤집어썼다. 만주족의 전통의상 치파오가 몸매가 드러나고 노출이 심한 의상으로 변화된 것은 1930년대 개항 도시 상하이에서 여성들이 외국인들을 유혹하면서부터라고 알려졌다. 또한 현재 상하이와 같은 대도시 다국적 기업에서 일하는 여성들에게 여성용 정장 코드는 통용되지 않곤 한다. 고용주들이 여성 직원들에게 해외 바이어가 흡족할 만한 의상을 입어야 한다고 지침을 내리기 때문이다.[25]

기업들은 미녀를 다른 나라 기업과 거래를 확대하고 자국에 기업을 홍보하는 기회로 활용했다.[26] 그 기업이 미(美)와 관련이 있는지와는 무관했다. 저장성의 리안타이 기계 회사는 회사 홍보를 위해 미스 리안타이, 미스터 리안타이 선발대회를 열었다. 대만과 홍콩 사업가들에게 초대장을 돌렸고 실제 몇몇 기업가들은 중국의 서부 저장성까지 와서 잘생긴 남자들과 예쁜 여자들을 감상했다. 한 기업은행은 미스 작약 선발대회를, 장쑤성의 에어컨 제조기업은 미스 베이징 선발대회를 열었다. 미스 작약 수상자 3위까지는 1만 위안을 사용할 수 있는 작약 카드와 함께 취업을 보장받았다. 대회 참가자들은 우승자에게 주는 상금뿐 아니라 취업 기회까지 주어진다는 점에 강하게 이끌렸다. 그러나 참가자 몇몇은 수영복 심사를 위해 수영복 입은 모습을 보여 주어야 한다는 점 때문에 마지막 순간에 대회 참여를 취소하기도 했다. 이들 대회는 농촌의 많은 소녀를 도시로 유인하는 역할을 했다. 이들 대부분은 대회가 요구하는 지적 수준을 갖추지 못할 정도로 교육 수준이 낮아 예선에서 탈락했다. 시골 거주권을 가지고 있던 참가자들은 힘겹게 도시로 거주지를 옮겨야 했겠지만, 대회 이후 도시로 이주한 시골 소녀들의 삶이 어떠했는지에 대한 이야기는 알려지지 않았다. 그러나 앞서 저장성 루씨의 인생 역전 스토리처럼 기회를 얻은 여성들의 이야기는 전파력이 컸다. 미인대회는 여성들에게 유명세를 가져다주고 새로운 인생을 살 기회로 여겨졌다. 미녀를 내세울 때 상품에 대한 관심

루쥔칭(卢俊卿),《美丽脸蛋长大米(아름다운 얼굴에 쌀이 자라다)》, 2004

과 판매가 증가한다는 것, 개인 여성에게는 미녀로 인정받는 것이 새로운 일자리이자 인생 반전을 꾀할 기회가 된다는 것, 이 두 이해가 맞닿으면서 중국의 미녀경제는 확장을 거듭했다.

미녀경제를 움직이는 핵심 논리는 아름다운 얼굴과 몸매가 곧 돈이며 성공이 된다는 것이다. 2004년 발간된 《아름다운 얼굴에 쌀이 자라다(美丽脸蛋长大米)》는 여성들에게 아름다워지는 마흔여섯 가지 방법을 안내한다.

뷰티 매뉴얼과 같은 이 책은 아름다움이 곧 자본이 된다는 논리를 강력하게 설파했다. 책 제목은 1970년대 북한 영화 〈꽃피는 마을〉의 대사에서 따온 말로 알려져 있다. 원래 대사는 "아름다운 얼굴에 쌀이 자랄 수 있나?"로 얼굴이 아무리 예뻐도 소용이 없다는 말인데, '얼굴이 예쁘면 돈을 많이 벌 수 있다'는 반대되는 문구로 바뀌었다. 미녀경제를 집대성한 최고의 책이라는 표지 글처럼 여성에게 뷰티는 인생에서 모든 중요한 것을 얻을 수 있는 수단이라고 말한다. 중국이 선망하는 서구 선진국의 사례가 근거자료로 제시된다. 미국에서는 Top 10 모델들이 몇천만 달러의 수익을 내며 미국의 회사에서는 미모에 따라 월급 수준, 커미션 수준이 달라진다고 소개했다. 이 책의 인기는 중국에서 여성이 아름다움을 추구하는 것은 커리어를 추구하는 가장 확실한 방법이라는 것이 상식처럼 자리 잡기 시작했다는 점을 의미한다.[27] '중국 최초의 인조미녀' 하오루루(Hao Lulu)가 등장한 것도 이 시기이며 그녀의 전신 성형 홍보 슬로건은 "당신의 삶을 바꿀 변화를 만들어라"였다.[28]

중국의 현대화 프로젝트와
코즈모폴리턴
여성상

관영잡지 《중국부녀》와 방송인 양란[29]

미녀경제가 중국 스스로 여성을 오리엔탈리즘의 시선에 가두면
서 대상화한다면 이와 거리를 두면서 중국의 현대적 여성상이
구축되기 시작한다. 글로벌 문화가 유입되고 로컬에서 교차점이
생겨날 때 여성들은 혼종적 방식으로 정체성을 구성하기를 기대
받는다.[30] 글로벌로 상징되는 발전과 진보와 함께 로컬 고유의
문화를 보존하는 주체로서 여성의 역할과 이미지를 기대하는 것
이다. 글로벌 패션잡지와 광고들, 화장품 방문판매원 야팡샤오
지에(雅芳小姐)[31]에 이르기까지 중국 여성들에게 서구적이고 현
대적인 외모 가꾸기에 대한 비법들이 쏟아지는 가운데, 중국 고
유의 미(美)를 가꿔야 한다는 메시지도 강조되었다. 중화전국부
녀연합회가 발간하는 관영잡지《중국부녀》는 글로벌 패션잡지

의 기조에 편승하면서도 중국적인 것을 표방하는 미(美)를 고안하고 대중화하는 데 많은 공을 들였다.[32] 이 과정은 미녀경제뿐만 아니라 중국의 전통적 여성상, 서구적 여성상 모두와 차별화하는 미 이상을 창조하는 일이었다.

《중국부녀》는 중국적인 아름다움에 대한 자부심을 가지고 이를 지켜 나가야 한다는 점을 강조한다. 내면의 미(inner beauty)의 강조가 그것이다. "돌봄, 통찰, 지식, 강한 의지, 진지한 감정 등"이 언급된다. 중국계 미국인으로 중국적 아름다움을 표방해서 성공한 화장품 사업가인 위에사이칸(Yue-Sai Kan, 靳羽西)[33]은 "중국 여성들은 여성성의 기운을 내뿜어야 한다. 그것은 신체적 외모와 우아한 매너, 풍부한 정서와 통찰력, 지식, 그리고 호감을 주는 인상이다"라고 주장한다. 《중국부녀》의 표지모델들은 위에사이가 말한 내면의 미를 체현하고 있는 사례. 여성 유명인, 대부분 상을 받은 배우나 TV 쇼 진행자처럼 외모가 아름다울 뿐만 아니라 자신의 커리어와 삶에서 높은 성취를 거둔 사람들이 표지모델로 선정됐다. 이들은 서구 스타일 의상이나 전통적 치파오를 입었고 상반신을 찍은 사진에 섹슈얼리티의 향취는 전혀 없다. 다만 완벽하게 메이크업을 한 클로즈업 숏에서 보이는 도자기 같은 피부, 하얀 치아, 최신형 스타일링 등은 이들의 여성성을 표현하고 있으며 이들이 뷰티에 관심을 쏟고 있다는 점을 나타낸다. 연구자 웨이 루는 표지 이미지를 다음과 같이 분석한다.

차분하고 고요하며 자제력이 있어 보이는 이들은 시선을 받는 대상이 아니라 보는 주체이며 개인성을 주장하고 있는 듯하다. 그리고 그 대담함은 자신감 있는 여성들이 가지고 있는 권력과 임파워먼트를 함축하고 있다. (…) 이들은 꼿꼿하게 고개를 세우고 정면을 응시하고 있으며 자신 있는 모습이고 마음껏 웃는다. 하나같이 확신에 찬 모습이며 자신의 높은 지위와 권력을 맘껏 향유하는 모양새다.[34]

정면을 응시하는 시선과 확신에 찬 웃음은 차분함, 고요함, 자제력, 대담함, 지위, 권력과 같은 단어와 조합하며 중국의 현대적 여성상의 외양을 묘사한다. 1990년대 중국 잡지에 등장하는 중국 여성모델은 전통적이고 부드럽고 종속적 이미지였다. 고개를 기울이거나 얼굴을 가리는 등 소극적 포즈를 취하고 있고 온화하고 수줍음을 타는 표정을 연출해, 활동적이고 파워풀한 포즈를 취하는 서구 여성모델과 대조를 이루었다.[35] 이와 비교할 때 《중국부녀》가 제시하는 여성상은 중국의 전통적 여성상과 다르며 서구적 여성상과도 차이가 있다는 점에서 특징적이다. 또한 미녀경제에서 보이는 대상으로 전시되는 미녀와 비견할 수 없는 여성의 지위, 권력을 보유하고 있다.

표지모델들의 성공 스토리는 표지 이미지가 구성하는 현대적 중국 여성상이 무엇인지를 보완한다. 고난과 역경이 있었지만 최선을 다해 사회적 성취를 이루었고 과거의 여성들처럼 무조건 가족에만 몰두하지는 않으며 일과 가정의 균형을 유지한다. 방송인 양란(楊瀾)[36]에 관한 커버스토리는 이러한 여성상을 잘 보여 준다.

> 양란은 우아한 프로페셔널로서의 외모를 가지고 있으며 내면의 미를 가꾸고, 남편, 가족의 사랑, 횡단적 문화 탐험에도 소홀함이 없는 사람입니다. (…) 양란에게는 커리어와 가족 똑같이 중요합니다. 양란은 처음부터 어느 한쪽만을 추구하지 않았습니다. (…) 외국에 나가서도 중국의 문화를 버리지 않으며 글로벌 문화와 중국 문화를 잘 통합합니다.[37]

아내를 자랑스러워하고 사랑하며 지지하는 남편도 부각된다. 중국에는 "모든 성공한 남성 뒤에는 그를 돕고 지지하는 여성이 있다"라는 속담이 있는데, 이를 반대로 뒤집어 "이 성공적인 현대 중국 여성의 뒤에는 도움을 주고 지지하는 남성들이 있다"라고 설명한다. 이 여성들은 중국 사회에 존재하는 성 불평등한 문화와 규범은 거뜬히 뛰어넘은 것처럼 보인다. 이와 더불어 글로벌 문화에 휩쓸리지 않고 중국 문화와 통합하는 태도 또한 강조된다. 이들은 중국의 발전과 진보, 현대화, 코즈모폴리턴적 세계관을 상징하는 이미지다.

《중국부녀》는 외적 아름다움만이 아니라 중국의 문화적 가치와 파워, 강인함을 체현한 내면의 미를 가진 여성을 중국의 현대적 여성상으로 구현했다. 2000년대에 들어서면서부터《중국부녀》는 표지에 영어 제목 "Women of China"를 굵은 글씨로 병기하기 시작했다. 중국의 여성잡지도 현대적 외양을 가지며 세련된 중국 여성의 이미지를 해외에도 보여 주겠다는 방향 전환을 표명하는 것이었고, 이 잡지가 중국 여성 일반이 아니라 영어를 읽을 수 있는 고학력 중산층 여성을 주요 독자층으로 설정하기 시작했다는 것을 의미한다.《중국부녀》는 대내적으로는 중국 여성들에게 모범이 되는 여성상을 제시하고 중국 고유의 현대적 여성상을 통하여 대외적으로는 강한 중국의 위상을 과시하고자 했다. 개혁개방정책 초기 서구의 모방자였던 중국이 세계의 중심 국가로 자아를 드러내는 작업이 중국 현대 여성의 미를 표방하는 작업에도 반영된 듯한 인상을 준다.

현대적 의미에서 여성스럽고 아름다우며 파워풀한 여성들, 어찌 보면 모든 것을 다 가진 것처럼 보이는 이 완벽한 여성들은 아직 성공한 지위에 오르지 못한 여성, 그 위치를 흠모하는 여성, 혹은 예비 취업자 여성들에게는 중국인으로서 자부심을 느끼게 하고 부러움을 사기도 했을 것이다. 이와 동시에 이 완벽한 여성의 이미지는 젊은 세대 여성들이 처한 현실과 자유 의지와는 무관한 또 다른 규범[38]에 불과하다는 목소리도 나오고 있다. 최근 중국의 인구가 감소하고 고령화 추세가 가속화되자 중국부녀연합회는 여성에게 결혼과 출산을 장려하는 역할을 자처하고 있다. 그 와중에 석사·박사학위를 받기 위해 공부하는 여성들은 '누런 진주'가 된다고 비유해 오히려 많은 여성에게 빈축을 샀다. 중국의 젊은 세대 여성들은 그저 조용함을 선택하고 있지는 않은 것 같다. 여성을 미녀로 호명하는 사회적 상황에 모욕감을 느끼고 문제를 제기하는 여성들의 목소리 또한 감지된다.

성뉘(剩女)에 대한 조롱과 저항

이 연구를 시작할 즈음인 2015년 나는 3·8 세계 여성의 날 기사를 검색하고 있었다. 중국의 젊은 페미니스트 몇 명이 구금된 것 같다는 기사가 있었고,[39] 관련 기사를 따라가다가 2015년 중국 관영방송인 CCTV의 춘절 전야제 방송이 성차별적이었다는 비난 여론 보도를 보았다. 전야제 도중 나온 촌극이 비혼 여성과

예쁘지 않은 여성을 조롱의 대상으로 삼았다는 것이다.[40]

2015년 이 프로그램의 시청자는 7억여 명에 달했다. 춘절은 중국에서 가장 큰 명절이다. 가족들이 둘러앉아 식사하고 TV에서 춘절 전야제를 보며 새해를 맞이하는 것은 으레 하는 일이다. 서구 언론은 흔히 춘절 전야제를 "지구상에서 가장 많은 사람이 시청하는 프로그램"이라고도 하는데, 이는 전 세계적으로 인기를 누린다기보다 이 프로그램을 시청하는 중국의 인구수가 많다는 뜻이다. 4시간 반 정도 이어지는 전야제는 노래와 춤, 촌극 등으로 구성된다. 백여 명의 댄서가 등장해 춤과 기예를 선보이는 무대는 대륙 스케일이라고 할 만큼 규모가 크고 화려하다. 어른 세대가 좋아하는 국민 배우나 국민 가수도 무대에 선다. 중간에 등장하는 촌극은 전 세대가 공감할 수 있는 소재로 사람들의 웃음과 박수를 이끌어 낸다. 예전부터 이 쇼는 관객의 호응을 이끌어 내기 위해 시골 지역의 강한 억양이나 장애, 비만 등 차별적 이슈를 웃음 소재로 사용한다는 비판이 있어 왔다. 2015년에는 그 소재가 노골적으로 여성을 향했다. '결혼하지 않은 여성', '예쁘지 않은 여성', '성공한 여성', '전업주부'가 조롱의 대상이 되었다. 이십 대 후반에 결혼하지 않은 여성을 값이 떨어진 "중고 물품"이나 "남은 음식(찌꺼기)"에 비유하고, 평범한 여성을 모델과 대비해 여성의 외모를 희화화하는 내용을 촌극에 담았다. 모델은 "나는 큰 눈과 작은 입술, 큰 코, 가는 팔과 다리"를 가졌기 때문에 결혼할 수 있다고 이야기하는 반면, 여자 주인공은 그와 반대되는 내용으로 자기 비하적 조크를 던진다.

생방송이 진행된 거대 스튜디오에서 관객들은 웃음과 박수를 터뜨렸지만, 네티즌들의 분위기는 달랐다. 이삼십 대 싱글 여성들은 자신들이 놀림감이 된 것 같다며 방송에 불만을 토로했다. 어떤 네티즌은 이 촌극이 여성을 남성에게 속하는 물건으로 보는 전통적 관념을 강화한다고 비판했다. 결혼 전에는 아버지의 자산이었고 결혼을 통해 남편에게 넘겨지는 물건처럼 묘사했다는 것이다. 전통적 관념은 삼종지도(三從之道)를 가리킨다. 여성이 따라야 할 세 가지 도리로 여자는 어려서 어버이께 순종하고 시집가서는 남편에게 순종하고 남편이 죽은 후에는 아들을 따라야 한다는 뜻을 담고 있다. 또 다른 네티즌은 "춘절전야제는 나이에서 외모, 고용, 결혼에 이르기까지 모든 가능한 차별 사례들을 담고 있다. 심지어 나의 아버지까지도 보지 않겠다고 말씀하셨다"라고 글을 올렸다.

"CCTV 춘절전야제 감독은 우리를 전족을 했던 제국시대로 돌려놓을 셈인가?"라며 방송을 비판하는 온라인 캠페인에는 검열로 막히기 전까지 순식간에 1300여 명이 서명했다. 이 중 25명은 미혼 여성, 가사 도우미, 전업주부 등 이 프로그램의 차별

요인 44가지를 기록하여 CCTV에 보냈다. 시나 웨이보에서 3만 명 중 85퍼센트가 여성 차별이라고 응답했다. 나머지는 그냥 웃음 소재일 뿐이며 페미니스트들이 지나치게 예민하고 진지하다고 지적하는 사람도 있었다. 또 다른 사이트에서는 차별적 인상을 받지 못했다는 의견이 65퍼센트에 달해 상반된 의견을 보이기도 했다.

2015년 춘절 전야제의 성 차별성 문제가 세계적으로 부각된 것은 온라인 캠페인이 화제를 모았기 때문이다. 이 캠페인은 '여성의 목소리'라는 이름으로 중국의 젊은 페미니스트들이 주도했다. 이 사건 이후 이 페미니스트들은 한동안 구금되었고 이로 인해 각국 여성 단체는 중국 정부의 성평등 의지가 의심스럽다는 비판을 제기했다. 온라인에서 조직화된 목소리에 관영 신문《차이나 데일리(China Daily)》가 응답했다. 차이나 데일리는 "CCTV의 무감성이 국가의 위신을 망친다"라고 지적했다.

춘절 전야제를 둘러싼 논란은 중국에서 여성을 누가, 어떻게 규정하는지를 둘러싼 겨루기가 극적으로 표면화된 사례였다. 특히 한 자녀 낳기 정책이 남아선호사상과 결합하면서 남성 인구가 많아졌고 결혼하지 못하는 남성들이 많아지자 중국은 결혼을 권장하는 사회 분위기를 적극적으로 조성하고 있다. 결혼 못 하는 남자들이 늘고 있는 현상을 여자들의 콧대가 높아졌기 때문이라고 비난하고 중국부녀연합회는 여자들에게 결혼하라고 채근한다. 공부를 더 하는 것은 의미가 없다는 담론 또한 만만치 않다. 부모들의 걱정은 인민공원을 '백발맞선' 공터로 만들었다. 나이 든 여성에 대한 비난이 한껏 높아졌고 심지어 '잉여', '남은 음식'이라는 뜻을 붙인 성뉘(剩女) 담론까지 생겨났다. 성뉘는 영어로는 "leftover women"으로 번역되는데 결혼 적령기가 지났는데도 결혼하지 못하는 여성을 가리킨다. 앞서 CCTV 춘절 전야제에서 조롱의 대상으로 등장한 여성 역시 성뉘다. 2012년 3월 온라인 데이팅 사이트인 자위안닷컴(jiayuan.com)은 성뉘는 누구인가, 이들은 어떻게 행동하는가, 이들은 왜 남겨졌는가에 관한 조사를 실시하기도 했다. 이 조사에 의하면 자신을 성뉘로 인식하는 나이는 갈수록 낮아지고 있다. 과거에는 30세가 되면 성뉘라고 생각했는데, 25세가 된 여성들마저 자신이 성뉘가 되었다고 한탄한다는 이야기들이 소개된다. 해당 조사는 푸젠성, 베이징, 광둥, 광시, 상하이에 성뉘가 가장 많으며 교육 수준이 높을수록, 수입이 많을수록 '남겨질 가능성'이 높다는 결과를 실었다. 성뉘를 문제시하는 사회적 시선과는 별개로 젊은 여성들은 성뉘를 부러워하기도 한다.

일부 인터넷에서는 성뉘의 특징을 뉘한즈(女汉子)라고도 표현한다. 뉘한즈는 여성과 남성(사나이)을 합성한 신조어로 '남성스러운 여성'을 가리킨다. 뉘한즈의 특성들을 살펴보면 중국의 전통적 여성상에 저항하는 징후들이 드러난다. Alia라는 블로거는 오프비트 차이나(Offbeat China) 사이트에 "뉘한즈의 등장: 중국 전통적 여성 이미지에 저항하는 여성들"이라는 글을 올렸다.[41] 그 내용을 요약하면 다음과 같다.

뉘한즈는 중국의 두 가지 변화를 배경으로 한다. 첫째, 여전히 시골에서는 남성 우위 문화가 존재하고 부모와 가족을 따르는 여성성이 강조되고 있지만, 중국의 대도시에 거주하는 젊은 여성들은 한자녀 정책에 의해 소황제로 길러졌다. 그들은 부드럽거나 종속적일 필요를 느끼지 않는다. 그들은 일자리에서 남성들과 끊임없이 경쟁해야 하는 상황에 놓여 있다. 둘째, 성뉘 즉 도시의 전문적인 여성들은 이십 대 후반의 나이에도 불구하고 여전히 싱글이다. 이들은 독립적이며 교육 수준이 높고 급여 수준 또한 높은 세 가지 특징을 지닌다. 남성들과 경쟁하기 위해 이 여성들은 자신을 돌볼 수 있어야 하고 컴퓨터 문제를 처리하고 고치는 것에 이르기까지 남성들만큼 강해져야 한다. 이것이 생존의 비법이 된다.

한 인터넷 사이트에 뉘한즈의 20가지 습관 리스트가 올라왔다. 20개 중 10개 이상이 맞는다면 뉘한즈라고 하는데, 뉘한즈에

When in face of a barking dog....

A girly cutie

A nü han zi

인터넷상 뉘한즈 이미지

대해 중국의 젊은 여성들이 생각하는 정서가 어떠한지 엿볼 수 있다.

1. 꽉 잠긴 음료수병을 열 때 누군가에게 도움을 구하기보다 스스로 열려고 노력한다.
2. 집안에서 덥다고 느낄 때 옷을 다 벗는다.

3. 본인이 여자라는 사실을 종종 불평한다.

4. 과자 부스러기를 봉지째 들고 입 안으로 털어 넣는다.

5. 온라인상이건 오프라인상이건 종종 욕을 한다.

6. 엄청 더운 여름에 뜨거운 국물 요리를 먹는다.

7. 정수기 물통을 혼자서 교체한다.

8. 컴퓨터를 하거나 온라인 게임을 즐긴다.

9. 너무 늦었을 때 양치질이나 샤워를 하지 않은 채로 잠을 잔다.

10. 메이크업을 하는 것을 싫어하며 셀프 카메라는 거의 찍지 않는다.

11. 남자들과 쉽게 친구가 된다.

12. 다리를 꼬고 앉는 것, 앉아 있을 때 다리를 떠는 것을 좋아한다.

13. 쇼핑은 귀찮고 번거로운 일이라고 생각한다.

14. 미장원이나 네일 숍, 뷰티 살롱에는 거의 가지 않는다.

15. 사과를 껍질째 먹는다.

16. 집에 있을 때는 얼굴을 씻거나 머리를 감지 않는다.

17. 여행할 때 자기 짐은 자기가 옮긴다.

18. 요염하게 행동하는 여성들을 싫어하며 비치라고 생각한다.

19. 하이힐을 신고라도 떠나는 버스를 잡으러 달린다.

20. 남자 앞에서도 많은 양의 음식을 주문하고 먹는다.

이 리스트에는 중국의 전통적 여성성, 미녀경제에서 생존하기 위해 남성에게 보다 섹시하게 보일 필요성, 패션과 뷰티 실천에 적극적일 필요성 모두를 거부하는 내용들이 담겨 있다. 중국 사회가 인정하는 방식의 여성성을 수행하는 것을 멈추거나 게을리해도 좋다는 메시지 같다. 이 체크리스트에는 뉘한즈에 호응하는 댓글들이 달렸다. "아무리 그녀들이 소녀답지 못하다고 해도 저는 그들이 아름답다고 생각해요. 그녀들은 독립적이기 때문이지요", "나는 스무 가지 습관 중에 반절밖에 맞지 않지만 나는 뉘한즈처럼 강한 심장을 갖기를 기대해요" 뉘한즈의 특성을 닮고 싶어 하는 이유는 그녀들이 강하고 독립적으로 보이기 때문이다. Alia가 소개하는 뉘한즈의 습관들은 소비사회가 규정하는 '골드 성뉘'의 이미지와는 차별화된다. 이 담론의 영향력이 어느 정도인지 규명할 수는 없으나, 중국 사회의 여성성을 구성하는 데 영향을 행사하는 조각으로 기능할 것이다. 뉘한즈 체크리스트 면면은 여성성의 핵심에 패션과 뷰티가 물밀듯이 들어왔지만, 이에 대해 피로감을 느끼고 그것들이 불필요하기를 바라는 여성들이 있다는 신호이기도 하다.

2

중국 미용성형의
역사와
현재

서구적 미 규범과
미용성형의
태동[1]

중국에서 성형수술의 역사는 1920년경에 시작된다. 청나라 왕
조가 무너지고 중국은 혼란기였지만 서구의 과학·기술을 배워
국가를 구하겠다는 민족주의와 근대화 열망이 강렬했다. 개혁주
의자, 공화주의자, 혁명주의자, 사회주의자 등 정치적 분파를 막
론하고 '근대화를 통해 하나의 거대한 중국을 만들자'는 '중화부
흥(中和复兴)'을 한목소리로 주창했다.

　서양의학은 배척할 대상이 아니라 기꺼이 수용해야 할 선진
기술이었다. 성형수술의 시작과 배움은 온전히 서구에서 왔다.
미국인 의사가 중국에 와서 중국인 의사들에게 수술 기술을 가
르쳤고, 일부 중국인 의사들은 미국으로 유학을 가서 훈련받고
중국으로 돌아와 의술을 펼쳤다. 중국에 성형수술을 처음 전파
한 사람은 미국인 의사 제롬 P. 웹스터(Jerome P. Webster)다. 그는
1931년 미국 대학에 성형외과 학부를 처음 만든 사람이기도 하

다. 웹스터는 1920년 PUMC(Peking Union Medical College)[2]에 파견을 나와 7년여 동안 중국 의사들을 가르쳤다.[3] 외과수술을 주로 지도했지만, 안면 성형수술을 한 적도 있다고 알려진다. 중국 최초의 성형수술은 이때 시행되었다고 기록된다. 웹스터는 중일 전쟁(1937~1945)에서 부상당한 병사들에게 재건 성형수술을 시행했고, 1948년에는 상하이로 돌아와 중국 의사들에게 재건성형을 가르쳤다.

1920~1940년 사이 중일전쟁, 국공내전 등 전쟁 상황은 중국 지도자들에게 재건 성형수술의 필요성을 체감하게 했다. 특히 중일전쟁에서 일본군이 사용한 근대식 무기로 병사들의 신체 훼손이 극심해졌는데 중국의 의술로는 치료할 수 없었기 때문이다. 국민당 정부는 중국 의사들을 미국으로 보내 성형의술을 배워 오도록 했다. 중국 성형의학의 개척자인 송 루야오(Song Ruyao)[4]와 장 디성(張滌生, Zhang Disheng)은 미국으로 유학을 갔던 대표적 인물이다. 이들을 비롯한 중국인 의사들은 미국에서 학위를 받고 중국으로 돌아와 의술을 펼쳤고 상하이, 청두 등에서 후학을 양성했다.[5]

전쟁터와 군 병원에서 재건성형의 중요성이 부각된 반면, 서구 문물과 소비문화가 유행한 대도시에서는 미용 목적의 성형수술이 행해졌다. 상하이 제9인민병원 성형외과의 왕 웨이(Wang

Wei)에 의하면 1930~1940년 사이 상하이와 베이징, 양저우 등 큰 도시들에서 쌍꺼풀 수술, 코 성형, 보조개 만들기, 유방 확대술 등이 행해졌다. 베이징 의과대학 제3병원의 한 성형외과의는 자신이 중학교 때 중국인 의사 이름을 내건 "시광하이의 뷰티 클리닉"이라는 광고가 베이징 호텔에 걸려 있는 것을 보았다고 기억한다.[6] 장 디성 또한 1930년대 상하이에서 미용성형이 행해졌다고 말한다.

그때는(1930년대), 일본이 다른 나라보다 미용성형을 먼저 개발했다. 일본과 서구 제국주의 국가들이 중국을 침략한 시기에 일부 일본 의사들이나 중국 의사들이 상하이에서 쌍꺼풀 수술, 코 성형, 보조개 수술, 유방 확대술 같은 미용성형수술을 하기 시작했다. 이들은 중국 여배우들에게 미용성형을 해 주고 명성을 얻었다. 그러나, 열악한 기술 수준과 잘못된 방법 때문에 부작용이 많았다. 의사들은 유방을 확대하거나 코를 높이기 위해 파라핀이나 상아를 사용했다. 이런 수술의 공통적인 합병증은 파라핀 주입으로 인한 육아종이었다. 나는 1950년대 이런 사례들을 고쳤다. 과학적인 미용성형도 당시 중국에 생겨났지만 매우 느리게 발전했다. 1930년대에 외국에서 훈련받은 의사들이 쌍꺼풀, 코 성형, 구순구개열 치료 같은 마이너한 미용수술을 했다.[7]

수술 기법이나 사용하는 재료의 발전 정도는 오늘날과 비교가 불가할 것이다. 다만, 오늘날에도 인기를 끄는 쌍꺼풀 수술, 코 성형, 유방 확대술 등이 1930년대 상하이에서 이미 시행됐고, 여성들 사이에 큰 눈과 큰 가슴을 가지고자 하는 욕구가 있었다는 점은 흥미롭다. 미용성형의 출현은 아름다운 여성의 몸에 대한 중국인들의 인식 변화를 보여 준다. 과거와 단절이 두드러지지만, 연속적 측면 또한 보인다. 예를 들어 보조개 수술은 뺨에 보조개를 가지고 싶은 여성들의 욕구를 기술로 실현하는 것인데, 보조개는 전통적으로 중국 사회에서 애교를 나타내며 선호하는 미 기준으로 알려져 있다. 보조개가 있는 미인은 행복한 가정을 이룬다는 속설도 있다.[8] 1930년대 상하이의 대표 여배우 후디에(胡蝶, Hu Die)는 1933년 상하이 미인대회에서 1위를 차지했는데, 맑은 눈과 하얀 치아, 희고 매끄러운 피부, 두 뺨의 보조개가 아름다움으로 강조됐다.

　보조개와 달리 큰 눈과 높은 콧날, 큰 가슴은 그동안 중국 전통문학이나 그림에 나타나던 미인상과는 다르다. 전통적 중국 회화에서는 약간 경사지고 가느다란 눈이 여성의 아름다움과 고귀한 혈통을 표현하는 것으로 강조되었다. 소설《홍루몽(紅樓夢)》에서 아름다운 여성은 '버들잎 같은 눈썹'과 '봉황의 눈'을 가졌다고 표현되었고 동그랗고 큰 눈을 가진 사람은 없었다. 전통적으로 아름다운 코는 작고 연약하고 부드러운 것으로 묘사되었다. 콧대가 높거나 날렵한 모양과는 반대되는 것이었다. 특히 중국인들은 코의 모양이 개인의 성격을 나타낸다고 믿었다. 둥글고 두툼한 코를 가진 사람은 둔하고 게으르며, 매부리코를 가진 사람은 교활하고 불친절한 성격이라고 생각했다.[9] 작은 가슴은 우아함과 겸손함, 예의 바름을 상징해 이상적 아름다움으로 추앙받았다. 1900년대 초반까지만 해도 많은 여성이 가슴이 성장하는 것을 막기 위해 천으로 가슴을 동여맸다.[10] 큰 눈과 큰 가슴은 과거의 미 개념과 단절하며 새롭게 출현한 미 기준이자 욕망이라고 할 수 있다. 이는 단지 기술의 변화에 따른 것이 아니었다. 중국 근대화와 여성해방, 서구문화의 교차점에서 생겨난 변화였다.

청나라 후기, 1911년 신해혁명을 거치면서 중국 근대화를 지지하는 지식인들은 남녀 불평등 철폐와 여성해방을 지지했다. 이들은 중국의 전통적 여성상은 곧 낙후된 중국 문화를 상징한다고 여겼고 서양의 여성문화를 받아들여야 한다고 주장했다. 여성들은 전족과 함께 여성의 가슴을 옥죄었던 붕대를 풀어야 한다고 주장하며 유교적 악습을 폐지하기 위해 투쟁했다.[11] "여성의 몸은 근대 중국을 건설하는 장소(site)"[12]가 됐고 억압된 신체를 자유롭게 하는 행위가 여성해방을 위한 실천 중 하나로 여겨졌다. 또한 상하이에 등장한 서구식 미(美) 규범들은 미용성형 출현에 촉진자 역할을 했다.

20세기 초 상하이는 세계에서 다섯 번째로 큰 도시이고 중국에서 가장 큰 항구이자 무역항이었다. 상하이는 "아시아의 파리"로 불릴 정도로 중국에서 가장 큰 상업 도시이고 세계 각국의 사람과 물건들로 북적거리는 국제도시(cosmopolitan metropolice)였다. 상하이 외국인 거주지역에는 영국, 프랑스, 러시아, 미국에서 온 서구인들과 일본인들이 거주했고, 대중매체와 영화산업, 백화점이 발전했다. 선풍기, 시트로엥, 라디오, 담배, 향수, 하이힐, 미용실 등 중국인들이 처음 보는 물건과 문화가 밀려들었다.[13] 서구에서 온 문물을 사용한다는 것은 흥분과 즐거움을 주었고 현대적인 사람이 된 것처럼 자부심을 안겨 주기도 했다. 물론 이 새로운 소비문화를 향유할 수 있는 중국인은 많지 않았다. 그렇지만 서구식 소비문화인 뷰티 문화와 모던한 라이프스타일을 중국인들이 인지하는 데 영향을 주었다.[14]

여성 미 기준의 변화는 상하이에서 유행한 월분패(月份牌, yuèfēnpái) 이미지에 반영됐다. 월분패는 한 장짜리 달력으로 당시에는 일종의 상업용 광고 포스터 역할을 했다. 상하이 외국 기업들은 담배, 화장품, 제약 등을 홍보하는 월분패를 만들어 고객에게 선물하곤 했다. 월분패 화가들은 정숙한 모습의 중국 전통 미

상하이 지하철 기념 자기카드 전시, 2015 [15]

녀들보다는 성적 매력을 풍기는 현대 여성을 그렸다. 그래야 인기가 있었기 때문이다. 월분패의 유행은 1930년대에 최고조에 달했다.

이 시기 월분패 이미지를 연구한 가오 윤샹(Gao Yunxiang)[16]에 따르면 1920년대만 해도 월분패의 모델은 가는 눈썹, 가는 눈 등 전통적 중국의 미적 취향을 따랐다. 모델들은 보이시한(boyish) 쇼트 헤어와 남성적 원피스를 입었으며 표정 없는 얼굴, 딱딱한 자세, 작은 가슴(천으로 묶은 가슴)으로 등장했다. 1930년대 대표적인 월분패 작가 항치영은 서구 뷰티 문화를 적극적으로 수용했는데 달콤하게 유혹하는 듯한 웃음과 쌍꺼풀, 큰 눈, 볼륨 있는 몸매의 여성들을 주로 그렸다. 이들은 또한 실외에서 골프를 치거나 자전거를 타는 등 모던하고 서구적인 스타일을 과시했다. 상하이에는 짧은 머리에 하이힐을 신고 서구 스타일 브래지어를 착용하고 몸매가 드러나는 치파오를 입은 새로운 그룹의 여성들이 등장했다. 우리가 알고 있는 치파오는 이 시기 상하이 여학생들로부터 유행이 시작된 것이다.[17] 이 여성들은 영화관, 댄스홀, 커피숍에서 잡지를 읽고 할리우드와 중국 영화를 보았고 서구 물품과 최근 유행하는 패션, 화장품을 구입했다. 당시를 외국 세력의 침탈로 서술하는 문헌들은 서양 침략자들에 의해 중국의 국가 정체성이 손상됐고 동시에 중국 전통 미인들은 욕망의 대상에서 박탈되기 시작했다고 개탄하기도 한다.

상하이 조계 지역에서는 러시아에서 온 카바레 댄서나 매춘부들이 중국 여성들보다 인기가 더 많아졌다. 중국 매춘부들은 지역신문들에서 여전히 인기가 있기는 했지만 점차 서구 스타일의 미인대회가 유행하기 시작했다. 1946년 미스 상하이 선발대회는 서구 미인의 모방이 만개한 대회였다.[18]

아편전쟁 이후 서구 세력의 침략을 굴종과 모욕으로 해석하는 담론들은 1949년 이후 강화되었다. 이들 담론의 특징은 여성을 두 부류로 나눈다. 개탄스러움은 주도성을 발휘하여 서구 스타일로 변모하는 여성을 향해 있다. 성적 매력을 팔아야 하는 중국 매춘부들을 중국 전통 미녀라고 지칭하며 동정의 시선을 보낸다. 서구 세력이 국가 정체성을 훼손한다고 전제할 때, 전자 여성은 서구에 동조하며 자신의 중국 정체성을 바꾸는 이들이며, 후자 여성은 변화하지 않고 현재 자리에 머물고 있던 이들이다. 중국의 근대 지식인들은 중국의 근대화를 위하여 여성 역시 전통적 여성상을 버리고 서구 여성문화를 받아들여야 한다고 주장했다. 그러나 서구 스타일로 치장하고 상하이를 활보하는 여성들의 존재와 여성해방 메시지를 용인하기 어려운 지식인들이 존재했다는 것을 짐작하게 한다.

1930년대 상하이에서는 서구적 색채를 가미한 여성 이미지가 상품 광고에 이용되었고 현대적 상하이 여성을 상징했다. 여성들에게는 모던 걸이 되었다는 충족감을 주었고 동시에 중국 특색의 미녀 이미지를 새로운 볼거리로 탄생시켰다. 이와 같은 변화는 당시 상하이에서 큰 눈, 큰 가슴과 같은 미적 기준이 왜 욕망의 대상이 되었는지를 알게 해 준다. 성형의술을 배운 의사들은 서구문화의 동경이 꿈처럼 부유하는 도시에서 실력을 발휘했다. 그러나 중일전쟁, 국공내전이 지루하게 이어지고 1949년 마오쩌둥이 중화인민공화국을 수립한 이후 중국의 정치적 상황은 중국 미용성형의 발전을 침범하게 된다.

성형수술과
계급투쟁

상하이가 현대 도시로서 외양을 과시하던 시기 중국에는 전쟁이 끊이지 않았다. 1927년부터 십여 년간 국민당과 공산당 사이의 내전(국공내전)이 있었고 1937년에는 중일전쟁이 발발했다. 2차 세계대전이 끝나고 중일전쟁도 종식되었지만 1945년에 다시 2차 국공내전이 일어났다. 오랜 전쟁에서 승리한 마오쩌둥은 1949년 중화인민공화국 수립을 선언했다.

중국의 정치적 상황과 철학은 중국에서 성형수술이 다른 아시아 국가들과는 다른 길을 걷게 하는 배경이 된다. 한국, 일본, 싱가포르 등 아시아 국가들은 전쟁을 통해 발전한 성형의학이 미용성형을 움트게 하는 기반으로 작용했다. 그러나 중국에서는 연구자 웬 후아의 표현대로 '재건성형의 정치화'가 진행됐다.[19] 당시 중국 정부는 서구 자본주의를 비판하는 정치적 수사를 성형의학에 적용했다. 아름다움을 추구하는 행위는 사회주의 사상과 맞지 않았고, 미용을 목적으로 하는 성형수술은 "자본주의적 스타일의 수술"로 배척되었다. 반면 전쟁으로 상해를 입은 군인들을 치료하는 재건성형은 중국 정부의 지지를 받았다. 한국전쟁의 발발은 중국에서 재건성형의 발전과 공산주의에 부합하는 의미를 정립하는 계기가 됐다. 중국 정부는 전쟁터에 나가 있는 성형외과 의사들에게 기능을 복원하는 재건성형만 해야 한다는 지침을 하달했다. 중국 최초의 성형외과 교수인 송 루야오는 연구자 수전 브라우넬에게 쓴 편지에 당시 상황을 다음과 같이 설명했다.

1950~1953년 사이 한국전에서 부상당한 사람들에게 성형수술을 할 때, 중국 정부는 "지금 우리나라는 아직 부강하지 않다. 환자들을 치료할 때 미용성형을 해서는 안 되며 기능의 회복에만 주력하라"는 지침을 반복적으로 하달했습니다. 나중에는 일부 전문가들이 "형태를 강조하는 것은 자본주의적 스타일의 처치이다. 프롤레타리안은 기능의 회복을 강조해야 한다"라며 계급투쟁 개념을 보다 강력하게 적용했습니다. 이로 인해 '정형의학(整复外科)' 개념이 시작됐습니다.[20]

이와 같이 마오시대 의학적 이슈는 정치와 긴밀하게 연결되어 있었다. 1950년대 중국에는 재건성형을 전문으로 하는 의과 대학과 학회, 병원 등이 속속 설립되었다. 송 루야오는 PUMC에 성형외과 학부를 설립했고 베이징에 첫 번째 성형외과 전문 병원을 개원했다. 이후 시안과 상하이에도 화상과 재건성형 센터들이 문을 열었고 장 디성은 상하이 제2의과대학에 재건성형 학부를 설립했다. 그러나 정치적 상황이 격변하면서 재건성형은 쇠락의 길을 걷게 된다.

공산당 이데올로기에 대한 지식인들의 비판 운동을 진압하기 위해 문화혁명이 시작되면서부터였다. 수많은 의사 또한 지식인에 포함되었다. 송 루야오와 장 디성을 포함하여 한때 국가에 기여했던 성형외과의들도 "반동적 학계 권위자들"로 낙인찍혔다. 연구자 웬 후아의 표현을 빌리자면, "전문 분야로서 성형의학은 사실상 완벽하게 폭파"된 것이나 다름없었다. 성형수술을 하는 병원들은 문을 닫았고 의사들은 지방으로 추방당했다. 심각한 화상이나 사고로 인한 손상을 치료하는 소수의 재건성형만 행해졌다. 여타 성형수술 분야는 사실상 마비 상태에 들어갔다. 아름다움의 추구가 부르주아적 허영으로 단죄되는 분위기 속에서 미용성형은 존재할 수 없었다. 장 디성은 도시 문화국에서 허가받은 몇몇 유명 여자 배우나 남자 배우들에게 쌍꺼풀 수술과 눈 주위 지방 제거, 페이스 리프팅 등을 해 준 적이 있다고 회고했다. 정부 허가 없이 대담하게 미용성형을 하는 의사들은 부르주아 이데올로기에 빠져 있는 사람을 돕는다며 비난받았다. 1960년대 미용성형을 시작한 일부 병원들은 부르주아 뷰티 미용실이라고 해서 폐쇄되었다. 성형외과가 다시 문을 열 수 있게 된 시기는 1980년대 즈음이다. 베이징 PUMC는 1966년에서 1976년까지 10년 동안 문을 닫았다가 1978년에 다시 문을 열었다. 초기에는 구순구개열 치료와 같은 재건성형에 집중했으나 이후 미용성형 수요가 급증하게 된다. 1979년 24개였던 병상은 2000년 324개가 되었고, 2001년에는 베이징 시내에 미용성형 클리닉 두 곳을 따로 열었다.[21]

"포스트 마오시대,
　성형수술이 중국의
얼굴을 바꾼다"

1989년 1월 미국《시카고 트리뷴지(Chicago Tribune)》의 아시아 지역 특파원인 울리 슈메처(Uli Schmetzer)는 "포스트 마오시대, 성형수술이 중국의 얼굴을 바꾼다"라는 제목의 기사를 본사에 송고했다.[22] 중국에서 재건성형이 아니라 미용성형이 행해진다는 것은 주목할 만한 사건이었다. 슈메처는 베이징의 왕푸징(王府井) 거리에 있는 작은 공립병원 복도에서 성형수술을 하거나 수술 후 처치를 위해 줄을 선 사람들을 스케치한다. 중국의 변화를 드라마틱하게 보여 주는 인물은 중국 정부 홍보국에서 일하는 25세 여성 린 샤오란이다. 쌍꺼풀 수술 후 실밥을 제거하기 위해 순서를 기다리고 있던 그녀는 슈메처에게 다음과 같이 말한다.

눈이 더 크면 자신감이 생깁니다. 눈이 크면 아름답잖아요. 저는 언제나 쌍꺼풀이 있는 눈을 원해 왔어요. (…) 제 친구들은 월급의 10분의 1 정도는 립스틱과 아이 펜슬, 로션을 사는 데 씁니다. 성형수술도 매우 가벼운 수준으로만 하는 거예요. 심각하게 나쁠 건 없지요. 우리는 단지 얼굴의 결점을 개선하고 싶은 거예요.

린의 수술 비용은 95위안[23]으로 1개월치 월급이다. 린은 자신감과 아름다움, 결점의 개선에 대해 이야기했지만, 슈메처는 "린이 정부 기관에서 일하고 있음에도 불구하고 백인의 외모를 모방하는 것에 대해 전혀 부끄러워하는 기색이 없었다"라며 짚고 넘어간다. 슈메처는 미용성형에 중국이 자본주의 체계를 수용하고 있다는 정치적 입장을 대입했고 여기에 '서양의 외모를 흠모하는 동양'이라는 또 다른 정치적 프레임을 겹쳐 놓았다. 그러나 이어지는 중국인들의 인터뷰에서 동양과 서양의 대비는 등장하지 않는다. 다만, 성형외과 전문의인 송 루야오의 이야기에서 그 기색을 잠시 내비친다. 송 루야오는 "중국의 전통적 미인들은 외꺼풀 눈을 가졌다"라고 말하며 중국의 쌍꺼풀 수술 붐에 우려를 표현했다. 그러나 슈메처가 "공허한 경고"라고 말하듯 기사에 등장한 인물들은 미용성형으로 불운을 나타내는 결점을 없애고, 도시에서 일자리를 얻기 위해, 더 예뻐지거나 더 젊어 보이기 위해 미용성형을 하고 싶다고 말한다. 성형수술을 하는 병원에서 일하는 한 간호사는 "얼마 전에는 나이 드신 분이 주름을 없애겠다고 찾아오셨습니다. 중국은 이제 누구나 다 예뻐지기를 원합니다"라고 말한다.

중국 공산당의 관영지인 인민일보도 미용성형에 대하여 허용적인 신호를 보냈다. 인민일보는 슈메처가 기사를 쓰기 2주 전에 "이제 군 병원에서도 얼굴을 고친다"라고 보도했다. 마오시대 재건성형이 정치화되었던 상황을 기억해 보면, '군 병원'과 '미용성형'은 포스트 마오시대 중국의 변화를 압축적으로 보여 주는 단어 조합이다. 기사는 최근 몇 달 사이에 300여 명의 농촌 여성들이 베이징의 군 병원을 찾아 주근깨와 보조개를 지우고 코와 치아를 반듯하게 하고 눈을 크게 하는 등 미용성형을 받았다는 내용이다. 잘못된 위치에 보조개가 있거나 콧날, 치아가 비뚤어져 있으면 불운해진다는 전통적 믿음도 이유가 됐고, 도시에서 일하기 위해서라는 이유도 있었다. 한 여성은 "눈이 조금만 더 커진다면 호텔에 일자리를 구할 수 있다"라고 말했다.

당시 중국은 시장개방 이후 외국의 상품과 이미지들이 유입되었고 화려한 패션과 화장으로 몸을 감싼 모델들이 거리의 게시판을 채우기 시작한 시기였다. 여성성과 뷰티는 가장 잘 팔리는 상품이었다. 1980년대 전까지만 해도 50여 개에 불과했던 화장품 제조업체는 1999년 3514개로 늘어났다. 1981년 일본 시세

이도 진출 이후 미국의 에이본, 방송인 위에사이 칸이 만든 유시 (Yuxi) 코스메틱에 이르기까지 대형 브랜드 업체와 이들 업체에 납품하는 업체들이 세워졌고 스킨케어와 립스틱, 아이섀도 등 색조 화장품을 판매했다. 에이본이 시작한 화장품 방문판매원 야팡샤오지에(雅芳小姐, Avon Lady)는 농촌 곳곳까지 돌아다니며 화장품 사용법을 가르쳐주면서 판매망을 넓혔다.[24] 이 시기는 또한 중국 내 개혁정책이 벌어지면서 국영기업에 대한 대규모 구조조정인 샤강으로 많은 사람이 일자리를 잃었던 때였다. 도시에서 일자리를 구하기 위해서는 세련되고 현대적인 도시 사람 같은 외모를 갖춰야 했고 커다란 눈과 깨끗한 피부, 반듯한 콧날과 치아가 기본 요건이라고 생각됐다. 미용성형을 원하는 사람들은 지역 공립병원에서 예약하고 순서를 기다리거나, 또는 이 시기 생겨나기 시작한 작은 의원이나 허가받지 않은 미용업소를 이용했다.

1990년대 중국 정부의 의료법 개정과 의료 개혁정책은 미용성형 시장을 크게 확장하는 데 주요한 영향을 미쳤다. 의료법 개정 내용은 합법적 병원에서 면허를 가진 의사만이 수술적 처치를 할 수 있다는 것이었다. 미용성형으로 인한 사고가 너무 많았기 때문이었다. 법 개정은 중국 정부가 공식적으로 미용성형을 허용하기 시작했다는 것을 의미했다. 성형수술을 바라보는 프레임도 미용성형인지 재건성형인지 여부가 아니라 미용성형을 하는 환자의 안전을 중요하게 바라보는 방식으로 변화됐다. 나아가 중국 정부는 의료에 시장 개념을 도입했다. 1992년 제14차 중국 공산당 중앙위원회는 병원의 원가 회수, 이윤 추구, 의료서비스의 다양화 등을 강조하는 헬스케어 개혁전략을 발표했다.[25] 전국 병원들에 대한 구조조정이 이어졌고 국유 병원과 민간 병원 모두 스스로 재정을 관리하고 시장에서 경쟁하고 생존해야 하는 책임을 지게 됐다. 앞서 베이징의 군 병원에서 미용성형을 하는 것도 이러한 맥락에서다. 미용성형은 의료서비스 다양화에 해당하며 거대한 수익을 낳는 상품이었다. 병원들은 미용성형을 홍보하는 적극적인 주체로 나서게 됐다. 연구자 웨이 루의 표현대로 중국 정부의 의료 개혁은 "미용성형을 부추기는 촉매제 역할"을 했고 병원들이 의료 시장으로 나가는 길을 열었다.[26]

중국 최초의
인조미녀
'하오루루'

2003년에는 전 세계인의 이목을 집중시키는 사건이 다시 일어났다. '중국 최초의 인조미녀' 하오루루(Hao Lulu)가 등장했다는 소식이었다. 물론 하오루루는 중국에서 최초로 성형수술을 한 사람은 아니다. 다만 그녀는 전신에 성형수술을 했고 수술과 회복 과정을 대중에게 공개한 최초의 중국 여성이었다. 서구 언론은 "중국의 번영이 성형수술 붐을 불러왔다"라고 보도하며 이목을 집중했다. 하오루루 사례는 미국이나 한국 등 여느 시장 자본주의 국가와 마찬가지로 성형 리얼리티 쇼 마케팅이 중국에서도 통한다는 것을 보여 준 첫 번째 신호탄이었다. 베이징 언어대학은 '인조미녀'를 2003년 10대 표제어 중 하나로 선정했다. 하오루루는 만주족 출신으로 보석상을 운영하며 패션잡지 프리랜서 작가로 알려졌다. 그녀는 24세 생일파티에서 이메이얼(伊美爾) 성형외과 마케팅 담당자로부터 '뷰티 드림워크 프로젝트(Beauty

"당신의 삶을 바꿀 변화를 만들어라"
이메이얼 성형외과의 뷰티 드림워크 프로젝트 홍보 화면

Dream Works Project)'를 제안받았다. 홍보 포스터 슬로건은 "당신의 삶을 바꿀 변화를 만들어라"였다. 앞서 언급한 미녀경제 논리에 충실한 메시지였다.

이메이얼은 2003년 5월 개원 이래 고전을 면치 못하고 있었다. 2002년 중국에서 발생하여 전 세계적으로 확산된 바이러스성 전염병 사스(SARS, 중증급성호흡기증후군)의 영향도 컸다. 경영난을 타개하기 위해 고안한 것이 '뷰티 드림워크 프로젝트'였다.[27] 하오루루와의 계약 내용은 무료로 전신 성형수술을 하는 대신 수술 과정을 공개하는 것이었다. 홈페이지에 성형 일기를 공개한다는 조건도 함께였다. 하오루루는 제안을 수락했고 병원이

마련한 기자회견에서 전신 성형을 할 것이라고 공개했다. 2003년 7월 쌍꺼풀 수술과 코 성형을 받았다. 목주름을 없애고 얼굴형을 갸름하게 만드는 수술, 턱뼈 재배치, 유방 확대, 복부와 허벅지 지방흡입 등 수술이 6개월 동안 이어졌다. 수술 비용은 40만 위안으로 알려졌다.[28]

프로젝트 초반 중국 언론들의 반응은 시큰둥했다. 중국 사회에서 성형수술은 묻지도 말하지도 않는다는 것이 상식이었다. 수술이 잘못된 경우도 많아 성형에 대해 부정적 인식이 만연했다. 서구 언론이 관심을 보였다. CNN은 하오루루의 수술 과정을 전 세계에 내보낸 첫 번째 방송사였다. BBC는 런던에서 전화로 하오루루를 인터뷰했고 "중국 여성들이 부유해지고 외모를 의식하게 되면서 미용성형이 대중화되고 있다. 눈과 코를 수술해서 서구적 외모를 갖기 원한다"라고 보도했다. CNN 보도는 전 세계 뉴스 에이전시들로 번져 나갔다. 2003년 12월 한국 매체들도 "中 '인조미녀' 열풍", "中 언론, 인조미녀 열풍은 한류 탓" 등의 타이틀로 기사를 내보냈다.

하오루루는 연구자 웬 후아에게 자신이 성형수술을 받은 것이 전 세계적으로 관심받을 줄은 예상하지 못했다고 말했다.

외국에 사는 친구들은 내가 받은 수술이 전혀 드문 사례가 아니라고 이야기합니다. 뉴욕이나 런던, 도쿄에서 한 여성이 전신 성형을 했다면 뉴스거리가 안됐겠지요. 중국이라서 뉴스가 된 거죠. 세계가 중국을 주시하고 있잖아요. 세계 언론은 중국, 특히 베이징에서 무슨 일이 일어나는지 호기심 어린 눈초리로 바라보고 있어요.[29]

전 세계 언론이 하오루루를 취재하고 퍼 나른 데에는 이 특이한 광고가 다름 아닌 중국을 무대로 하고 있기 때문이다. 많은 국가와 기업에 중국은 기회의 땅이다. 13억 인구는 매혹적이다. 하지만 중국은 여전히 이해하기 어려운 퍼즐이라고 생각한다. 자본주의를 수용하여 매우 빠르게 성장하고 변화하고 있지만 개인의 자유는 억압하는 공산주의 국가다. 중국 시장을 노리는 기업가들은 발전과 자유 사이의 모순이 어떻게 공존하고 있는지 궁금해하며 중국 사회의 현실과 문화를 학습한다.[30]

《차이나 데일리》[31]는 하오루루가 "성형 사실을 부모에게 알리지 않았고 남자 친구의 의견을 들은 것도 아니었다"라면서 그녀가 신세대라고 강조했다.

나는 돈이나 명성을 위해 성형수술을 하지 않았어요. 나 자신을 기쁘게 하기 위해 한 것입니다. 그저 개인적인 선택이었어요. 제가 이렇게 유명해진 것은 사람들이 그만큼 미용성형에 호기심이 많다는 뜻이겠지요. (…) 기술이 많이 발전해서 신체적으로 좀 더 아름답게 만드는 것이 가능해졌습니다. 내면의 미와 외면의 미 모두를 갖출 수 있는데 왜 그렇게 하지 않겠어요?

그녀는 외모보다는 성품이 가장 중요하다고 말한다. 다만 성형수술 기술을 신뢰할 수 있고 성형수술을 통하여 외모를 관리하는 것이 실용적 방법이라고 믿을 뿐이다. "많은 사람이 돈을 가지고 있습니다. (…) 성형수술을 못 할 이유가 없지요" 이메이얼 마케팅 담당자 바오 하우이의 말처럼, 이제 아름다움을 추구할 자유는 모든 사람에게 부여되었다. 수술을 할 수 있는 돈만 있다면 말이다.

하오루루는 이메이얼 홈페이지에 성형 일기를 공개했다. 수술 과정과 마취에 대해 설명했고 집으로 돌아가고 싶다면서 고통을 호소하는 내용도 썼다. 회복기 말미에 그녀는 이렇게 결론을 썼다. "마침내 모든 고통이 사라졌다", "이 모든 것들이 얼마나 대단한가", "나는 내가 한 선택에 대해 전혀 후회가 없다" 그녀의 성형 일기는 성형수술 과정에 대한 상세한 안내서이자 성형수술 '환자'로서 준비해야 할 마음가짐 가이드북 같기도 하다. 하오루루는 이메이얼 대변인으로 일했다. 많은 성형외과가 홍보 행사에 그녀를 초대했고 2007년에는 《아름다움은 이렇게 만들어진다(美丽是这样炼成的, The Making of Beauty)》를 발간했다. 성형수술 종류와 수술 후 케어를 안내하는 책이었다. 하오루루는 중국 전역을 누비며 아름다워질 수 있는 '가장 간단한 길'을 알려주고 당당하게 성형하라는 메시지를 전파했다. "여성들은 누구나 아름다워지기를 원해요. 간단한 길이 있는 법이죠."

하오루루 책 표지

이메이얼은 하오루루의 드림워크 프로젝트 이후 돈과 명성을 얻었다. 2003년 10만 위안에 불과했던 이메이얼의 월 매출은 200~300만 위안으로 증가했고 톈진, 칭다오, 하얼빈, 지난 등 대도시에 지점을 열었다. 미용성형, 레이저 시술, 주사 시술, 안티에이징, 탈모 시술, 지방 이식, 체중 관리 등 수술적 방법뿐만 아니라 비수술적 기법들을 시행하고 있다. 2004년 한국 SK그룹은 중국과 합자하여 베이징 SK 아이캉(愛康) 병원을 설립했고 〈신데렐라와 백조〉라는 성형 리얼리티 쇼를 후원했다. 당시 방송의 진행을 하오루루가 맡았었다. SK아이캉은 시장 안착에 실패해 2009년 병원 지분을 전량 매각하고 철수했는데 이때 SK아이캉을 헐값에 인수한 당사자가 바로 이메이얼 성형그룹이다.

만국기를 단
의사들

2014년 5월, 상하이의 성형외과 풍광은 거리를 걷는 사람들의 스타일만큼이나 다양하다는 생각을 들게 했다. 한국 서울처럼 성형외과가 밀집되어 있는 지역이 있지는 않았다. 유명하다고 알려진 몇몇 성형외과는 시내 중심가에서 벗어나 있거나 거리가 꽤 떨어져 있었다. A 성형외과 상하이 지점은 중국의 대표적 미용의료 그룹 A 기업이 모기업이다. A 미용의료 그룹은 전국 십여 곳이 넘는 도시에 성형외과, 피부과, 치과, 중의미용 등 미용 전문병원을 운영하고 있다. 상하이 지점은 2000년대 초반 한국인 의사들이 진출한 병원이기도 하다. 당시 홈페이지에는 '국내(중국 내) 최대의 한국 성형수술 기지'로서 국제적 성형외과 위상을 강조했고 송혜교, 한채영 등 한국 연예인들의 이미지를 등장시켰다. 경영이 어려워지자 2010년 A 미용그룹이 인수했다. 여전히 '국제적'이고 '한국적'인 것이 상하이 지점의 마케팅 포인

트다. 금발의 러시아 여성들이 흰색 블라우스와 검정 스커트 정장을 입고 손님을 맞으며 접수대에서도 역시 한복 깃 장식이 있는 흰색 블라우스와 검정 스커트 차림의 중국 여성들이 인사한다. 성형수술 종류를 찾아보는 터치스크린 화면에는 한국인 여성 모델이 등장하며 수술 종목은 백여 개가 넘는다. 한국을 비롯하여 중국, 대만, 이탈리아, 캐나다, 미국 등 출신 의사 30여 명을 보유하고 있다. 병원 로비에 전시된 의사들의 사진에는 이름과 전공 분야와 함께 출신국이 국기 모양으로 표기되어 있다. A 성형외과의 만국기는 세계 각국에서 온 실력 있는 의사들을 '선수'로 확보하고 있다는 증표다.

반면에 B 클리닉은 시내 중심가에 있고 A 의원과 분위기가 꽤 다르다. 성형외과라는 인상을 주지 않는 단순하고 소박한 로비에 평범한 간호사 복장을 한 여성들이 환자를 안내한다. A 의원과 B 클리닉을 차별화하는 가장 큰 특징은 만국기와 오성홍기(五星紅旗)다. B 클리닉의 벽면을 장식하는 의사들은 모두 중국 출신으로 사진 액자에는 오성홍기가 표기되어 있다. 오성홍기는 중국 의료인들의 기술력과 자부심을 상징한다. 재건성형을 전공한 의사들이 대부분이었지만, 쌍꺼풀, 코 성형, 안검하수, 지방이식, 유방성형, 레이저(주근깨), 보톡스, 여드름 제거, 필러, 흉터치료, 치열교정에 이르기까지 미용성형 전 분야를 다룬다. 이

상하이화미의료미용병원(上海华美医疗美容医院)
화미의료미용그룹에서 운영하는 상하이 지점이다. 고급 아파트가 밀집해 있는
위안선루에 위치하며 부유층을 대상으로 한 고급 부티크 분위기를 추구한다.
화(华)는 중화민국을 뜻하기도 하며, 빛나다, 번영하다, 핵심, 정수의 의미가 있다.
가장 아름답게 만들어주는 미용의료병원으로 해석할 수 있다. "화미의 전문가,
성형수술 분야의 최고 권위자"라는 타이틀 아래에 한국을 비롯한 중국, 대만, 이탈리아,
캐나다, 미국 등 세계 여러 국가에서 온 의사들의 사진이 걸려 있다.

상하이바실리카의료미용병원(上海伯思立医疗美容门诊部)
미국 Mayo병원의 중국 버전을 비전으로 한다. 전문기술과 선진설비,
주치의 서비스를 경영이념으로 내세우며, 고객들에게 평생의 아름다움을 우리에게
맡기라고 강조한다. 의료진은 대부분 제9인민병원 출신 중국인 의사들이다.

강남정형미용(江南整形美容)
상하이 난징시루(南京西路)역 인근 마사지숍과 미용의원이다.
전광판에 한국어로 한방·척추 진료를 한다고 쓰여 있고, 동그란 간판에는
눈 밑 지방 제거 전문을 내세우고 있다. 눈 밑 지방을 제거하면 한층 젊어 보일 수 있으며,
칼을 대지 않는 비수술적 기법으로 가능하다고 홍보하고 있다.

상하이 Elikeme미용의료병원(上海伊莱美医疗美容医院)
해태상, 홍등과 같이 중국의 전통적인 특색을 나타내는 외관이 특징적이다.
지하철역에서 병원까지 이르는 길에는 한국을 비롯한 해외 의료진과의 교류,
새로 설립한 미용 치과 홍보, 구품(九品) 미인으로의 화려한 변신, 위챗을 통한
상담 안내 문구가 "숨지 마! 숨지 말고 너의 아름다움을 발견해! 부럽다!"라는 메시지와
함께 제시되어 있다. 참고로 구품은 고귀함, 지혜로움, 모범적임, 우아함, 고요함, 요염함,
아름다움, 멋짐, 쿨함(贵, 慧, 娴, 雅, 恬, 媚, 俏, 帅, 酷) 등 아홉 가지 여성의 매력을 가리킨다.

들은 상하이 사람들이 유일하게 기술력을 인정하는 제9인민병원 출신 의사들이다.[32]

중국에서 미용성형 분야는 전문경영인이 운영하는 민영 비율이 80퍼센트에 달할 정도로 높고 이들은 시장을 급속하게 키워나가는 중심 주체다.[33] 브랜드화와 체인시스템 운영에 능숙하다.

만국기는 글로벌 세계에서 온 의사들을 내세워 중국 고객의 신뢰를 얻기 위한 상징이다. 미용성형이 급증하고 있지만 중국인들은 중국 의료인들의 기술력을 불신하는 경우가 많다. 중국의 성형외과가 환자를 유인하는 방법은 이곳이 외국 성형외과 수준의 기술력을 가졌다는 점을 과시하는 것이다. 의사와 스태프는 외국 전문가를 고용하고 있고 서구 의료 과학과 선진기술을 보유하고 최신 설비를 외국에서 구입해 와서 사용한다는 점을 강조한다. 중국 의사들은 서구의 유명 대학이나 아시아 성형 대표 국가인 한국에서 수학했다는 점, 서구 유명 의료인들과 함께하는 학회에서 논문을 발표했다는 점을 부각한다. 아시아 미용성형 시장에서 상징적 국가인 한국에서 온 의사들은 그 위상을 만드는 데 기여하고 고객들을 설득하는 중심 행위자다. 만국기와 함께 의사의 이력, 출신국 이미지, 백인 여성 등 글로벌을 나타낼 수 있는 상징들은 미용성형이 매우 전문적 의학 기술이며 글로벌 세계와 연결된 세련된 상품이라는 점을 강조한다. 중국에서 미용성형이 글로벌 소비 상품의 형태를 띠고 있고, 시장은 글로벌 의료 자본과 전문가들이 이윤을 다투는 격전지로 보인다. 그리고 이 격전지에서 중국 고유의 미용성형 시장의 영토를 공고화하는 움직임 또한 활발하게 일어나고 있다.

온라인 플랫폼 경제와의 결합

2010년대 이후 중국 미용성형 시장의 패러다임이 급격히 변화하고 있다. 변화의 특징은 인터넷과의 결합, IT 엔지니어 출신 CEO의 등장, 글로벌 자본과의 결탁이다. 경메이(更美, GENG MEI), 신양(新氧, XIN YANG)과 같이 미용성형 아이템을 활용한 IT 기업의 출현이 대표적이다. 중국의 미용성형을 서구에 해설하는 권위자들은 메스를 든 성형외과 의사가 아니라 IT 벤처기업 출신의 남성 엔지니어들로 변화했다. 서구 언론사의 뉴스 화면에 등장하는 것은 병원이 아니라 IT 회사의 리셉션 데스크이거나 경영기법을 강연하는 자리, 혹은 미국 주식상장을 축하하는 자리다.

경메이는 '더 아름답게'라는 의미이고, 신양은 '새로운 기운'이라는 뜻인데 영어로는 'So Young'으로 번역된다. '더 젊고 아름다운 외모', 미용성형을 통한 외모 변화의 지향점을 함축하고

중국 성형뷰티 플랫폼 신양과기(新氧科技, 영문명 SOYOUNG)
홈페이지(https://www.soyoung.com/)

있는 명칭이다. 인터넷과 모바일을 기반으로 한 이들 미용성형 플랫폼은 과거 성형외과 의사들이 병원을 확장하고 TV, 인터넷, 대중교통 등 매체를 통해서 광고했던 것과는 다른 세계를 열고 있다. 신양과 경메이와 같은 기업들은 대규모 온라인 홍보를 통해 사람들이 원하건 원치 않건 미용성형에 관한 정보를 쉽게 접하게 만들었다. 이들 앱과 홈페이지는 인터넷과 핸드폰으로 손쉽게 접속이 가능하며, 소비자에게 성형외과를 알선하는 일이 핵심 기능이다. 신양의 홈페이지를 보면, 눈, 코, 가슴, 안면윤곽, 지방흡입 등 미용성형 종목별로 의사들이 수술·시술의 부위와 내용, 지속 기간, 고통 정도, 마취 방법 등을 상세하게 설명하는 동영상이 올라온다. 상품 구입 탭에는 병원명과 수술명, 가격을 명기한 각종 상품권이 올라와 있다. 형편에 맞게 원하는 가격대의 미용성형을 구입할 수 있다. 수술 비용이 부족한 사람들에게는 이른바 '얼굴 대출'이라고 하는 대출 서비스도 연결해 준다. 입소문과 발품을 인터넷과 모바일 세계로 옮겨 놓은 것이다.

경메이, 신양과 같은 온라인 미용성형 플랫폼은 한국에서 먼저 시작됐다. 30대 IT 엔지니어 출신인 신양 CEO 진싱은 많은 중국인이 성형수술을 하기 위해 한국을 찾는 것을 보고 중국 성형 시장도 한국처럼 급성장할 것이라고 확신했다.

중국 성형 산업이 분명 엄청난 기회가 될 것으로 생각했다. 왜냐하면 한국은 중국의 미래 모습이었기 때문이다.[34]

그가 참조한 것은 한국의 '강남언니'다. '강남언니'는 한국 성형외과의 90퍼센트가 밀집해 있는 미용성형 특구 '강남'이라는 지역적 특성과 동생에게 실용적 정보나 팁을 알려 주는 친근한 이미지로서 '언니'라는 단어를 조합했다. 언니는 미용성형의 젠더적 특성을 담고 있는 단어다. 미용성형에 관한 정보를 구하는 사람들, 정보를 알려 주고 성형외과를 소개해 주는 사람도 여성일 때 사용할 수 있기 때문이다. 언니는 성형외과의 실장, 코디네이터와 같은 이들을 연상시키기도 하지만, 그보다는 실제 성형수술을 먼저 경험한 여성들이다. 강남언니 앱에서 성형수술이나 성형외과에 관한 정보를 얻게 되는데, 언니 역할을 하는 것은 성형수술 경험담, 생생한 후기다. 신양은 론칭 초기, 축적된 후기들이 없다는 문제를 해결하기 위해서 '강남언니' 등에서 미용성형 후기들을 포워딩했다.

신양은 "회원들이 직접 체험한 330개 성형시술에 대한 350만 건에 달하는 생생한 후기"를 핵심 자산으로 꼽는다. 2019년 5월 신양이 미국 나스닥에 상장[35]되면서 기업의 강점으로 내세운 것은 미용성형 후기가 무려 350만 개에 달한다는 점이었고 투자자들의 긍정적 반응을 얻었다. 과거 중국 최초의 인조미녀 하오루루가 전신 성형 과정을 공개하고 병원 홈페이지에 쓴 성형일기가 해당 성형외과의 마케팅 도구가 되었다면, 이제 신양 플랫폼에 접속하는 수많은 여성들의 후기가 미용성형 자체를 홍보하는 역할을 한다. 미용성형과 디지털 플랫폼 경제가 결합하면서 여성들의 성형수술 경험과 이미지들이 전시되고, 그 자체가 중국 미용성형 산업의 규모를 키우고 미래를 전망하는 투자가치가 되고 있다. 신양에 집적된 소비자 정보와 성형 후기들은 빅데이터로 분석되며, 중국 미용성형 시장의 미래를 보여 주는 증거로 자본가들의 투자를 유치하는 데 활용된다.

인터넷, 휴대폰 등을 통해 이들 플랫폼에 대한 광고가 광범위하게 이루어지기 때문에 미용성형에 관심이 있건 없건, 중국 어느 지역에 살고 있건 미용성형에 대해 알 수밖에 없는 신세계가 시작되었다. 신양에는 중국, 한국, 일본, 태국 등의 7000여 개의 병원과 2만 5000여 명의 의사 정보가 등록되어 있다. 성형외과 의사들은 플랫폼에 수수료를 내는 방식으로 소비자들을 확보한다. 신양 모바일 앱과 웹사이트 누적 방문자 수는 1억 1400만 명을 기록했다. 이들에게는 거대한 인구를 보유한 중국 자체가 글로벌 투자자를 유혹할 마케팅 브랜드가 된다. 신양의 대표 진싱은 미용성형 앱에 담긴 철학을 다음과 같이 설명한다.

성형수술로 공평한 세상을 만들 수 있다. 더 안전하고 저렴한 가격으로 성형수술을 받을 수 있고, 외면의 미를 먼저 가꿀 수 있다면, 그다음에 내면의 미에 집중할 수 있을 것이다.

진싱이 말한 '공평한 세상'이라는 키워드는 시진핑 중국 국가 주석의 국정 이념 '공평 정의'를 연상시킨다. 국정 이념에서 '공평'이 중국 발전의 성과를 중국 인민 모두가 누릴 수 있게 하겠다는 뜻을 담고 있다면,[36] 진싱은 신양을 통해 더 많은 중국 여성이 성형수술을 할 수 있게 하겠다고 말하고 있다. 그는 "1억 명의 미녀"를 만들어서 1000억 위안대의 기업을 만들겠다고 포부를 밝혔다. 그의 포부는 미용성형에 관한 윤리적 논의가 사라진 공간에서 가능하다. 미용성형 앱을 운영하는 사업가와 의사, 소비자 여성들은 여성의 젊음과 뷰티가 좀 더 쉬운 성취의 길을 열어주고 사회경제적 자원을 얻는 도구가 된다고 생각하는 사회적 장 속에 함께 살아간다. 또한 이들은 여성을 볼거리로 전시하고 대상화하는 시각문화를 공유하고 있다. 외면의 미를 가꾸기 위해 성형수술을 하는 것이 당연시됨으로써 이미 건강한 사람에게 의료적 수술·시술을 한다는 것에 관한 윤리적 논의는 사라진다.[37]

전문가와 기술자의 위치가 뒤바뀐 것 같다는 생각이 든다. 성형외과 의사는 수술실에서 성형수술을 하는 '기술자'가 됐고, 현대 사회에 걸맞게 미용성형을 시장화할 수 있는 능력을 가진 IT 기술자들이 글로벌 권위를 가지는 '전문가'가 됐다. 미용성형에 관한 윤리가 지워진, '공평한 세계'에 참여할 수많은 중국 여성 인구를 보면서 글로벌 투자자들은 진싱에게 투자했고 신양은 나스닥에 상장됐다. 공평한 세상에 대한 전제는 질문하지 않는다. 미용성형과 IT가 결합한 이 첨단 앱은 여성들이 클릭, 스와이프 하나로 미용성형 소비자가 되는 길을 열어젖히고 있다.

3

한국 미용성형 산업의
열망과 곤경

차이나 드림을 좇는
한국 의사들

메디컬 코리아와 한국 미용성형, 개척가 의사들

새벽 12시를 넘겨 K 원장으로부터 이메일이 도착했다.[1] 늦은 시간을 쪼개어 쓴 답변이라 내용이 부실하다는 정중한 사과가 담겨 있었다. "야간 비행기를 타느라 수면이 부족한 상태"라는 문구에서 피곤함이 묻어났다. K 원장은 '중국에 성형수술을 하러 가는 의사'로 지인에게 추천받은 사람이었다. 그는 피부과 전공이고 강남역 근처에서 쁘띠 성형과 레이저 시술 등을 겸하는 클리닉을 운영하고 있다. 지인은 그가 중국과 싱가포르에 지점을 세웠고 몽골에도 개원 예정이며 최근에는 마스크팩 제품 출시도 준비하고 있다고 전했다. 자본금을 투자하기 때문인 건지 몽골에서는 국빈 수준의 대접까지 받았다는 이야기도 함께였다.

"(본인의) 일정이 어찌 될지 모르는" K 원장의 피곤함은 이른바 '동아시아 뷰티성형 네트워크'의 형성과 관련이 있을 것이다. 이 네트워크에 한국은 기술과 상품, 전문가를 공급한다. 2005년 《월스트리트 저널》은 "한국의 성형수술이 아시아의 얼굴을 바꾼다"라는 제목의 기사를 실었다. "문화상품 수출을 통해 한국적 미인이 아시아에서 인기를 끌면서 아시아의 여성들과 일부 남성들이 얼굴을 고치기 위해 서울로 몰려오고 있다"라는 것이다.[2] 해당 기사는 또한 "중국 베이징, 상하이 등에는 한국의 피부미용·성형외과가 대거 진출해 있다. 이미 한국계 성형외과 40여 곳이 문을 열었거나 개원을 준비하고 있으며, 올 연말까지 100여 개의 한국계 병의원이 개설을 준비 중일 정도로 성업 중이다"라고 보도했다.

2000년대 초반 한국 정부는 '메디컬 코리아'를 브랜드로 의료관광을 차세대 신성장동력산업으로 선정하고 육성을 지원하기 시작했다. 한류의 유행과 함께 성형 한류는 그 핵심으로 부각되었다. 한국 의사들은 성형 의료기술을 국가적 자부심으로 인식했고, 미용성형 국제화의 선두에서 개척자들이 되었다. 영국 리즈대학 젠더&문화연구자 루스 홀리데이(Ruth Holliday)는 "한국 의사들은 기술에 대한 자부심이 대단하고 새로운 기법을 만드는 데 매우 열심인 사람들"이라고 말한다. 한국 의사 김성호는 다음과 같이 말한다.

한국 의사들은 매우 스마트합니다. 언제나 성형수술 기술을 발전시키기 위해 새로운 것들을 시도하지요. 한국에서 미용성형이 매우 빠르게 발전하는 이유입니다. 미용성형 분야에서도 요즘 쌍꺼풀 수술을 비롯하여 눈과 코는 아주 기본적입니다만, 매일 의사들은 돈을 만드는 새로운 방법들을 생각하고 새로운 방법의 수술 기법을 생각해 냅니다.[3]

의사들은 미용성형 '시장'의 논리 안에서 기술을 상상하는 것이 이미 익숙하다. 새로운 미용성형 기법들은 아시아 시장에서 "돈을 만드는 새로운 기법"이 되며 수준 높은 기술력을 상징한다. 한국 의사들의 개척 정신 덕분에 아시아 여성들의 미 기준은 더욱 세분화되어 가고 있다.

의사들이 자신의 전문성을 과시하는 방법은 서양과 동양이라는 이분법을 최대한 활용하면서 이루어진다. 미국으로 대표되는 선진국 유명 대학이나 병원에서 수학하고 트레이닝을 받았다는 사실은 의료인으로서 그 사람의 기술력을 과시하는 수단으로 활용되며, 한국인 신체의 특수성을 인지하고 있고 이를 반영한 수술 기법을 고안하고 실행했다는 점은 한국인 의사로서 그 사람의 특화된 기술력이 되는 것이다. 이와 동시에, 미국으로 상징되는 서구의 수술 기법을 무조건적으로 모방하는 것이 아니라 한국 고유의 것을 만들어 가고 있다는 것이 한국 의사들의 전문성으로 부각된다.

한국 의사들은 애초에 미국 의사들로부터 수술 기술을 배웠고 서구화로 특징지어지는 쌍꺼풀 수술을 대중화했지만, 미국식 수술 기법이 '한국인의 신체' 특성과 맞지 않기 때문에 한국식 성형수술 교재를 다시 썼다. 눈꺼풀의 지방을 너무 많이 제거하는 미국식 기법으로는 오히려 '자연스럽지 않은' 서구인의 눈이 되기 때문이다.

한국 의사들은 수요와 공급의 경제 논리에 입각해 해외시장 개척에 나선다. 즉, 한국 미용성형 시장이 더 이상 양적으로 성장하기 어려운 포화상태이기 때문이다.

90년대만 해도 한국 성형외과 의사들은 확실한 명성과 부를 누릴 수 있었다. 그러나 해마다 100명 이상의 성형외과 의사가 배출되고 타 과 전문의나 일반의들이 미용 의료 분야에 뛰어들면서 시장은 포화상태가 됐고, 그 틈바구니에서 살아남으려는 병원들 사이의 경쟁이 치열해졌다. (…) 개원의들은 힘들수록 더 공격적으로 투자하고 주말에도 쉬지 않고 병원을 운영하지만, 그럼에도 성공은커녕 살아남기에 급급하다. (…) 원장들은 은행 대출금, 부동산 임대료,

장비 리스 비용으로 고민이 많아 퇴근을 못 할 정도다.[4]

즉, 한국의 성형외과는 영리를 목적으로 한 곳으로 탈바꿈한 지 오래이며, 의사들은 경영 능력을 가진 사업가로서 수완을 발휘할 필요성이 있다고 기대된다. 경쟁 시장에서 살아남지 못하는 것은 의술이 부족해서가 아니라 의원을 경영할 수 있는 능력이 부족하기 때문이다. 의사들이 기업가로서 수완을 갖출 것을 요구하고 있는 분위기에서 의사들은 더 이상 환자를 통해 영리를 추구하는 상업화된 의사처럼 보이지 않기 위해 애쓸 필요가 없게 되었다. 의사들은 성형관광을 연결해 주는 브로커를 고용하거나 사이트를 개설해 원정 진료에 나서고 중국 현지에 병원 개원을 시도하는 일도 이어지고 있다. '성형 강국'이라는 수사 속에 한국 성형외과 의사들은 외국 환자를 유치하는 선봉에 섰으며 성형 강국을 이끌어 갈 주역으로 호명되고 있다.

K 원장의 메일을 읽으면서 나는 아시아를 누비는 사업가 의사들이 판로를 개척하는 무역상사 직원 같다는 느낌을 받았다. 의사들이 중국을 첫 번째 개척지로 꼽는 이유는 한국 성형외과를 찾는 중국인들이 증가하고 있고 진료 수익 또한 높다는 합리적 계산에 근거한다. 한국보건산업진흥원이 작성한 〈2015년 외국인환자 유치실적 조사 결과〉에 따르면 중국인 환자는 2012년

이후 줄곧 1위를 차지하고 있다. 다음으로 미국, 러시아, 일본 순이다. 중국 환자들의 진료과목 1위는 성형외과다. 진료 수입 현황에서 성형외과가 차지하는 비율은 27.7퍼센트(1856억 원)로 가장 높다. 중국 성형외과 환자 1인당 평균 진료비 역시 1위다. 450만 원으로 전체 진료과목 평균 진료비의 2.5배에 달한다. 가공을 거친 통계수치의 객관성보다 중국의 13억 인구는 그 자체로 거대한 상업적 잠재력을 가진 시장으로 체감된다.

소설 《정글만리》에는 한국에서 의료사고가 발생해 폐업하고 재기를 위해 중국행 비행기에 오른 성형외과 의사 서진원이 등장한다. 그는 한국 시장에서 패자가 되었다는 자괴감, 그리고 중국에서의 불확실한 미래에 대한 불안감에 시달리는데, 그에게 중국 성형외과 의사 자리를 중개해 준 종합상사 베이징 주재 영업부장인 전대광의 설명에 다소나마 안정감을 찾게 된다.

여긴 중국입니다. 새 세상이에요. 나라만 바뀐 게 아니라 시장이 바뀌었다니까요. (…) 인구 5천만의 한국이 호수라면, 14억의 중국은 망망대해예요. 그 망망대해의 의료 시장이 원장님 앞에 쫘아악 펼쳐져 있는 겁니다. (…) (중국이) 세계의 소비시장이 된 구체적인 예는 많지만 두 가지만 들겠습니다. 상용차를 포함한 모든 자동차의 수가 2억 대를 넘어 미국을 제치고 세계 1위가 되었고 여성들의 명품 사냥이 브라질을 밀어내고 2위가 되었으며 미국마저 제치고 1위를 차지하는 것은 시간문제입니다. 여성들의 그 기세는 이미 성형으로 불이 붙기 시작했습니다. 14억 중에서 절반이 여성이고, 7억 중 절반이 예뻐지기를 갈망하고 있습니다. 이래도 시장이 무궁무진하고 망망대해라는 것이 실감이 안 되십니까?[5]

《정글만리》의 저자 조정래가 중국을 거대한 시장으로 상상하는 바가 소설 속 전대광의 말을 통해 튀어나왔다. 전대광의 말에 담긴 기대와 열망은 2004년 《메디칼타임즈》 기사 제목 "'China Dream'을 좇는 한국 의사들"과도 일맥상통한다. 이 기사는 중국 진출의 위험성과 주의 사항, 진출 노하우 등을 담고 있다. 중국 성형의료 시장을 '금맥'으로 상상하는 의사 '광부'들의 러시는 꾸준히 이어지고 있다. 이들은 중국 인터넷에 자신의 병원을 홍보하고 마케팅 전략을 세우며, 주말이면 중국으로 원정 성형을 가고, 중국에 성형외과를 개원하기도 한다. 거대한 중국 시장이 언젠가는 성공을 돌려줄 것처럼 손짓하고 있고 한국 의사들은 희망을 좇아 승자가 되기 위해 중국에 접속한다.

'미용성형+관광'의 상품화의 산물들:
박리다매, 브로커, 통역 아르바이트

2000년대 초반 한국 정부는 '메디컬 코리아'를 브랜드로 선언하며 외국인 환자 유치를 통한 의료관광 활성화를 추진했고 외국인 환자 알선 행위를 허용했다. 한국 성형관광 패키지 상품은 이와 같은 정부 정책의 결과였고, 한국의 성형외과'들'과 한국과 중국의 미용·성형 중개업체, 한국 관광업, 한국 정부가 참여하는 거대한 결합상품을 만들어냈다.

2015년 중국 포털 사이트 바이두에서 한국 성형관광을 알선하는 여행사 사이트가 7~8개가량 검색되었다. "8682赴韩整形网(부한성형 홈페이지, 한국에서 성형수술을 하려고 하는 중국인을 위한 웹사이트)", "韩旅网120(한국성형 홈페이지)", "kb韩美美容咨询有限公司(kb한국미용상담회사)", "美丽站(北京)国际健康科技有限公司(메이리 국제건강과학유한회사)", "华美网(화미망, 중화/중국 미용 웹사이트)", "韩悦社/北京韩瑞美国际信息咨询服务有限公司(한열사/북경한rui 국제 컨설팅서비스 유한회사)", "KMS韩医网(한의망, 한국의료미용 웹사이트)" 등이 검색된다. 사이트에 안내된 주소지는 베이징, 상하이, 청두, 서울 등이다.

한 사이트에서는 한국 성형관광을 안내하는 설명을 몇 가지 이미지와 함께 제시한다. 미용성형 기법을 표기한 서구 백인 여성의 사진, 한국 드라마 〈별에서 온 그대〉의 포스터, 한국 미용성형 리얼리티 쇼 〈렛미인〉에 출현했던 중국인 곽방원의 변화된 모습, 서울의 성형외과 외관, 미용시술을 하는 사진, 표준적인 중국 미인 이미지가 나온다. 사진 아래에는 설명이 나와 있는데, 한국으로 성형관광을 하러 가는 중국인들이 점차 늘고 있으며, 〈렛미인〉 프로그램에 나온 곽방원은 아래턱 때문에 고생을 많이 했는데, 60일 동안 성형수술을 거치고 인형같이 예뻐져 화제가 되었다는 것, 한국 성형관광을 위한 중개 서비스로 '성형병원 연락, 전문가 예약, 비자 신청, 그리고 비행기표 구매, 호텔 예약, 통역' 등을 제공한다는 내용이다.[6] 또한 의료사고가 발생할 경우를 대비한 의료보험도 안내하고 있다. 불법적 기관이 아니라 한국 정부가 인정하는 정규 기관만이 가능한 한국관광공사 안심보험을 가입하라는 안내다.

'8682.cc'[7]를 예시로 성형관광 패키지를 살펴보면, 호텔 등급과 여행 일정에 따라 금액이 제시되며 경제형, 편안형, 고급형, 호화형, 사치형으로 나뉜다. 3박 4일을 기준으로 경제형(모텔)은 980위안이고 사치형(워커힐호텔)은 8889위안이다. 기초세트 서비스는 "일정 컨설팅(출국 준비)-병원·의사 예약-전용차 영접과 배웅(왕복)-호텔 입주-전문 의료 통역-수술 후 컨설팅-한국 미용

중국의 한국 성형관광 중개 서비스 홈페이지들

韩国医疗旅游套餐
6天5夜
韩国旅游信息中心 韩旅网

韩国医疗旅游套餐
8天7夜
韩国旅游信息中心 韩旅网

韩国医疗旅游套餐
10天9夜
韩国旅游信息中心 韩旅网

韩国整容旅游套餐6天5夜/韩国整容翻译/等
游游酒店预约/住宿自由行

¥100.00　已售:0件

评论(0)

韩国整容旅游套餐8天7夜/韩国整容翻译/等
游游酒店预约/自由行 签证

¥100.00　已售:0件

评论(0)

韩国整容旅游套餐10天9夜/韩国整容翻译/
等游酒店预约/自由行 签

¥100.00　已售:0件

评论(0)

韩国医疗旅游套餐
15天14夜

뉴스 정기 발송-선물 증정(부정기적으로 발송)"이며 기타 서비스 항목은 "호텔에서 병원까지 왕복 교통-의료 체험-수술 후 8시간 간호-서울 관광 쇼핑 1일" 등이다. "환자 평가 및 인기 의사" 카테고리에는 이용자 후기와 의사의 이미지가 함께 제시된다.

예전에 한국 드라마에서 나온 선남선녀들을 볼 때마다 제가 되게 부러웠어요. 한국은 도대체 어떤 곳인지 예쁜 사람들이 이렇게 많을까 싶어서 인터넷에서 찾았는데 (…)

저는 내년에 졸업할 텐데 눈이 되게 작아서 나중에 취직에 나쁜 영향을 끼칠까 봐 쌍꺼풀 수술을 했어요. 친구의 소개로 8682부한성형망 (…)

한국에 관광 갈 겸 눈에 조금 손댈까 해서 8682 한국 성형 관광 세트를 구매했을 뿐인데 전담자가 책임져 주었어요. 병원에 갈 때 통역해 준 사람이 있고 관광할 때 동반해 줄 사람도 있었어요. (…)

– 중국의 한국 성형관광 중개 서비스 홈페이지에 올라온 후기들

위와 같은 성형관광 사이트를 통해 패키지 상품을 구입해서 한국으로 오는 이들도 있겠지만, 연구 과정에서 내가 만난 사람들은 이 시스템에 대해 잘 알지 못했다. 조사를 도운 샤오단 또한 인터넷에서 한국 성형관광 사이트는 몇 개 되지 않고, 타오바

오(淘宝网)[8]에 입점해 있지만 눈에 쉽게 띄지 않는다고 말했다. 한국 성형수술을 명확하게 알고 키워드로 입력했을 때나 찾을 수 있다는 것이다. 공급과 수요의 격차는 한국 정부에서 자격을 인정받은 외국인 환자 유치 업체 혹은 브로커가 메꾸고 있는 것으로 보인다.

보건복지부 공인을 받은 한 외국인 환자 유치 업체는 차별화된 중국 현지 마케팅 능력을 다음과 같이 설명한다. "중국 內 마케팅 전담 조직과 고객 상담 인력을 보유하고 현지 에이전트 및 여행사와의 업무 제휴를 통해 약 8000여 개의 뷰티 숍과 업무협약 체결을 진행하고 있습니다"[9] 2018년 2월 3일 방송된 〈그것이 알고 싶다〉 1110화 '성형제국의 여왕' 추적 편[10]을 보면 브로커를 통한 모객 행위가 한국 성형외과 매출 상승과 긴밀하게 연결되어 있음을 알 수 있다. 바이두에는 "한국에 같이 갈 사람 구하기", "팀을 만들어 한국에 가서 수술하자"라는 제안 글들이 다수 존재한다. 또한 중국 내 브로커 조직들이 미용실에서 한류스타 사진을 보여 주며 모객 행위를 하고 거액의 커미션을 떼어 가는 식의 불법행위도 성행한다.

불법 모객 행위는 중국에서의 성형관광에만 해당하는 것은 아니다. 한국 미용성형 시장에서 미용·성형외과들이 외부 상담실장이나 로드매니저라고 불리는 브로커를 고용해서 환자를 모으는 방식은 오래전부터 활용되어 왔다.[11] 미용성형 시장 내부의 경쟁이 과열되면서 개별 성형외과가 생존하기 위해 활용하는 방법으로, 브로커는 유흥업소 등을 돌아다니며 여성 환자를 모으고 병원을 알선하는 일을 한다. 중국에서 여성 환자를 집단적으로 모을 수 있는 곳을 찾아 환자를 유인하고 한국 성형외과에 알선하는 브로커가 있다는 점은 예측하기 어렵지 않다.

한국 정부는 2013년에 외국인 고객을 응대하고 의료 서비스를 제공하는 전문 인력을 양성하겠다는 취지로 국제의료관광코디네이터 자격증 제도를 만들었지만 유명무실했다.[12] 거대 규모의 성형외과가 아닌 다음에야 개별 미용·성형외과에서 전문성이 모호한 별도 인력을 고용하는 것은 엄두를 낼 수 없는 현실이 큰 원인이었다. 개인 병원들은 시간제 외국인 통역 아르바이트를 활용한다.

2015년에 만난 메이린은 명동 A 피부과에서 통역 아르바이트를 하는 한국 유학생이다. 산둥성 출신으로 5년 전 한국에 유학을 왔고 A 피부과에서는 6개월여 시간제로 근무하고 있었다.[13] 그녀는 지방에 있는 한 대학에서 국제회의 통번역을 전공했지만, 통역사로 일할 만큼 언어가 능숙하지는 않았다. 한국어도 익혀야 했지만, 국제회의에서 사용하는 중국어도 배워야 했다. 통역 알바는 대학을 졸업하고 중국어 통번역 학원에 다니다가 알게 된 한국인 언니에게 소개받았다. A 피부과는 서울 명동에 있고 피부과 전문의 2명이 운영한다. 홈페이지에는 "A 피부과 Best 9", "A 피부과 Hot"이라는 타이틀로 서른 가지가 넘는 시술이 소개되고 있다. 연예인, 셀러브리티, 꿀피부, 맑은 피부, 동안 유지, 지방분해 등이며 사마귀 제거 개당 5000원부터 보톡스 4~5만 원, 레이저 패키지 몇십만 원, 100여만 원이 넘는 밝은 피부 패키지까지 다양하다. 없는 게 없는 이 만물상과도 같은 곳에서 시술 내용과 효과를 아는 것은 곧 매우 세분화된 수준으로 몸의 결점을 학습하는 것과 같다. 국제회의 통역을 위해 중국어를 배웠던 것처럼 메이린은 피부과에서 사용하는 피부 결점과 시술 방법과 관련한 중국어를 새로이 익히고 있다.

한국 성형관광 홈페이지에서 보았던 흐름도를 알고 있던 터라, 나는 메이린에게 먼저 중국 고객을 맞으러 공항으로 마중을 나가는지 물었다.

공항이요? 아니요. 성형외과에 중국 사람이 많이 오는데 한국어가 안 되니까 제가 통역 역할을 해요. 번역 같은 일도 해요. 업무 보조 같은 일도 하고요. 이메일 같은 거 안내해 주고 확인하고. 만약 중국 사람들이 예약한 것이 있으면 시간 확인하고 기록하고 이메일을 작성하고 나중에 원장님께 드려요. 시술할 때도 중국 사람이니까 간단한 통역도 해요. 처음에는 경험이 없어서 잘 못했어요. 중국 손님이 피부 모공, 기미 레이저를 하고 싶다, 어떤 시술을 하고 싶다고 하면 원장님도 치료 방안을 소개해 주시고요. (시술) 이름들이 진짜 많아요. 30개가 넘어요.

피부과이기 때문일 수도 있지만, 앞서 성형관광 안내 홈페이지에 나오는 것처럼 성형관광 패키지를 이용해서 A 피부과를 방문하는 사람은 없었다. 중국 성형관광객들은 자유 여행을 하는 것처럼 개별적으로 A 피부과를 찾아서 온다.

요즘 메르스가 있어서 뜸한 편인데, 그전에는 거의 매일 중국 사람들이 와요. 보통은 친구하고 같이 와요. 혼자 오는 경우는 많지 않아요. 가끔 중국에서 미용 관련해서 일하는 사람들이 와서 시술받고 가는 경우는 있지만, 거의 다 혼자 와요. 예약하고 오는 사람도 있고 그렇지 않은 사람도 있고요. 이번 주 화요일에 오는 사람은, 지난번에 어떤 사람이 와서 시술을 여러 개 했었어요. 그 사람 친구인 것 같아요. 남경에서도 오고 30대예요. 중국 사람은 여러 가지 다 하는 사람들이 있어요. 시술을 한 개 하는 것이 아니라 여러 개 해요. 미백, 보톡스, 모공. 피부 관리도 진짜 여러 개 많이 해요.

(중국 고객이 오면 메이린 씨가 어떻게 오셨습니까? 이렇게 물어보나요?)

그런 건 안 물어봐요. 중국 고객이 오면 이미 번역한 안내서를 보여주고 보통은 조사지 작성하고 어떤 시술 받고 싶은지 물어봅니다. 그런데 보통 어디를 시술할지를 몰라요. 그래서 원장님한테 물어보고. 아는 사람도 있긴 해요. 어떤 중국 사람은 와서 원장님 말은 듣지 않고 레이저만 하고 가요. 사실 레이저보다 좋은 치료 방법도 있지만 보지도 않아요.

메이린의 이야기를 들으면 중국에서 왔다고 해도 한국인과 비슷한 절차를 거친다. 중국어로 된 안내서를 준 후 사전 질문지를 작성하는 식이다. 의사가 시술 종목을 안내하기도 하고, 본인이 원하는 시술을 결정해서 오는 경우도 있다. 중국 사람들이 A 피부과를 알게 되는 경로는 중국 인터넷의 홍보 사이트를 통해서다.

(중국 사람들이 A 피부과를 어떻게 알고 오나요?)

원장님이 프로그램 같은 데 가입해서 따로 홍보하는 것 같아요. 인기 많은 홈페이지에 홍보도 해요. 또 지인 소개가 있어요. 처음에 다른 사람을 통해서 시술하고 보니 괜찮다고 해서 주변 사람들에게 말하고요.

메이린은 중국 사람들이 한국에 와서 피부 시술을 받는 이유를 중국보다 안전하고 비용이 저렴하기 때문이라고 말했다.

한국 시술이 중국보다 인기가 많아요. 중국에서는 실패하는 경우가 많아서 차라리 한국에서 하는 거지요. 한국에 머무는 시간이 3일밖에 안 되는데 일부러 여기 와서 시술받는 사람도 있어요. 사실 중국 사람이 한국에서 시술하는 것, 한국 사람들은 비싸다고 하는데 중국보다 비싸지 않아요. 중국이 훨씬 비싸요.

(한국에서도 요즘 성형수술 사고 뉴스가 많이 나오는 것 같은데요.)
위험이 있지요. 제가 보기에는 그들이 과도하게 수술해서 그렇게 된 것 같아요. 적당하게 하면 괜찮아요. 저는 원래 성형 생각은 없었는데, 피부에 기미나 점을 없앨 수도 있고 괜찮은 것 같아요.

메이린에게 한국에서 발생하는 미용성형 사고들에 대해 질문했는데, 오히려 그녀도 미용성형을 하고 싶다고 생각하게 되었다는 답변이 돌아왔다. A 피부과는 미용시술들이 이루어지는 과정과 변화를 관찰하고 칭찬과 감탄과 같은 정서들이 공유되는 곳이다. 메이린은 통역 아르바이트로 일하면서 꿀피부, 맑은 피부, 동안 유지 등과 관련한 미용적 시선을 학습했고 이 과정들은 그녀가 미용성형에 관심을 가지는 데 영향을 주었을 것이다. 메이린의 답변에서 알 수 있는 것은, 미용성형 사고의 원인을 여성들의 무분별함 탓으로 치환하면, 미용성형에 대한 기대는 침해받지 않는다는 점이다.

> (중국 성형관광객들이) 생각하고 온 범위가 있는데, 의사나 병원 스태프진은 두 배 정도 이상으로 시술을 권하게 됩니다. 그러다 보니 가뜩이나 의심이 많은 중국인들은 일단 발을 빼려고 하지요. 또한, 비용에 대해 일단은 비싸다고 의심하는 것도 우리로서는 어려운 일이지요. 외국 환자 1명에 대한 로딩은 한국 환자 2명과 같다고 보면 됩니다. 어쩌면, 그 이상일 수도…. 따라서 병원에서는 시술비가 올라갈 수밖에 없는데도, 이미 한국인들에게 받는 비용을 다 알고 오니 상충될 수밖에요. (K 원장)

K 원장의 말처럼, 중국 성형관광객을 유치하기 위해 더 많은 로딩 비용(홍보, 마케팅, 통역 등)이 소요되기 때문에, 더 많은 시술을 권하는 것은 여성들이 아니라 의사들이다. 메이린은 여성들

의 '과도함' 탓으로 돌렸지만, 이것은 의사들이 만들어 내는 '과도함'일 수 있다. 이는 성형관광 산업이 한국 미용성형 시장 내부의 빈익빈 부익부 현상을 심화하는 상황에서 초래된다.

중국인들은 병원이 크고, 넓고, 건물이 높은 것을 좋아하고, 의사 수가 무조건 많아야 좋은 병원인 줄로 알고 있어서, 사실 의료관광의 수혜는 일부 소수 병원이나 커미션을 많이 주는 곳으로 제한되고 있습니다. 중국인들도 한국 병원에 대한 정보를 어느 정도 파악하고 오기 때문에 빈익빈 부익부 현상이 계속될 수밖에 없습니다. 중국인은 통증에 아주 예민합니다. 따라서 마취를 선호합니다. 이것 또한 작은 병원에서는 부담되는 것이고요. (K 원장)

A 피부과와 같이 개인이 운영하는 곳은 매출을 올리는 방법으로 병원의 운영 방식을 '박리다매' 형태로 바꾸는 경우가 많다. 매출은 증대될 수 있지만, 의사의 의료 행위에 부여되는 가치는 낮아지고 의사들은 보다 분주하게 일해야 한다. 의사 노동력의 낮아진 가치는 한국의 경계를 넘는 미용성형 시장의 부산물이다.

중국에 진출한 한국 미용성형과
'한국 스타일'의 차용

2000년대 초반부터 의사들이 직접 중국으로 향하는 움직임이 일어났다. 한국 의사들은 중국 성형외과에 취업하거나 원정 성형 출장을 가고, 한중 합작의 형태로 병원을 개원하기도 했다. 한중 합작 병원 1호로 알려진 SK아이캉이 베이징에 문을 연 것은 2004년 3월이다. SK그룹의 중국 현지법인인 SK CHINA와 중국 위생부 국제교류부서, 한국의 치과와 안과, 성형외과, 피부과, 이비인후과 의사들이 공동 주주로 참여했다. 안과와 치과가 있기는 했지만, 무엇보다 주력 분야는 '럭셔리 부티크'를 콘셉트로 한 미용성형이었다. 2006년 SK아이캉에서 근무했던 한국인 의사는 기대에 차서 다음과 같이 말한다.

> 한국에 있을 때 한류가 중국에서 이렇게 크나큰 영향력을 지닌 것을 생각지도 못했다. 우리 병원에 온 사람들이 대부분 한국 연예인의 사진을 들고 왔다.[14]

SK아이캉은 〈신데렐라와 백조〉 성형 리얼리티 쇼를 후원하고 최종 선정자에게 성형수술을 해 주면서 기술력을 과시하는 마케팅을 펼쳤다.[15] 성형 리얼리티 쇼는 성형외과 의사가 집도하는 미용성형 수술 차원을 넘어 방송과 인터넷, 신문사가 결합한 거대한 이벤트 상품이다. 당시 중국에는 성형 리얼리티 쇼가 서서히 존재를 드러내고 있었다. 2005년 후난 경제 TV는 중국의 첫 번째 성형 리얼리티 쇼 〈천사는 아름다움을 사랑한다〉를 제작 방영했고 2006년에는 후베이 TV가 〈See My 72 Changes〉를 방영했다. 흥미롭게도 산둥 칠루 TV가 제작한 〈신데렐라와 백조〉에는 하오루루가 진행자로 참여했다. 이 프로그램은 미국 Fox TV의 〈더 스완〉의 포맷을 빌려 왔고 중국 시나 웨이보와 패션·뷰티 신문이 구성에 참여했으며, SK아이캉이 후원했다. 성형 수술을 받을 자격이 있는 사람은 한국 성형 리얼리티 프로그램이 그러하듯 오디션 방식을 취했고 여기에 시청자 투표가 추가되었다. 당시 프로그램에 출연한 창사의 한 성형외과 의사는 "쌍꺼풀 수술을 눈은 크지만, 서양 사람처럼 보이지 않도록 하는 것이 핵심"이라고 강조한다.[16] 한국인 의사들은 '아시아인들은 서구인들의 외모를 모방하기 위해 성형수술을 한다'는 오래된 전제가 편견이라는 것을 강조했다.

거대한 자본이 소요되는 병원 개원보다는 중국 성형외과에 취업하거나 주말에 원정 성형을 하러 가는 경우도 있다. 만국기로 장식된 중국 성형외과 풍광 속에서 태극기를 단 한국 의사들의 이력서와 사진을 찾는 것은 어렵지 않다. 중국 성형외과들은 글로벌 스태프를 자랑하며 의사별로 진료하는 날짜를 정해 놓는다. 이들 성형외과에 한국에서 온 의사라는 브랜드를 걸고 원정 성형을 나가는 것이다. 중국 성형외과 홈페이지에는 한국 의사들의 동영상이 종종 올라온다. 영상 메시지에서 강조하는 것은 '한국'과 '서울'이며 한국에서는 이를 '코리아 프리미엄(Korea Premium)'으로 명명한다.

한국 서울 ○○○치과 ○○○입니다. 여러분 7월 16일, 17일에 뵙겠습니다!

동아시아 미용성형 네트워크에서 한국은 발전된 성형의료 지식과 기술을 상징하는 브랜드 네임이 되고 있다. 2015년 상하이에 진출한 한국 성형외과의 이름은 '서울리거'이다. 미용성형은 축구나 야구 선수들의 연맹으로 비유되며 성형외과 의사들은 이 리그를 대표하는 '훌륭한 선수'들로 글로벌 무대에서 활약할 것을 기대받고 있다. K 원장이 인정하듯이 한국 의사들의 기술력은 2000년대 이후 한국 미용성형 산업의 붐을 통하여 축적되고 연마되었다. 수술 기술은 무엇보다 얼마나 많은 수술 경험을 쌓

서울리거 의료미용병원(首尔丽格医疗美容医院)
한국 의사들이 상하이 양푸구(杨浦区) 지역에 설립한 대형 성형외과다.
2층엔 미용외과·미용치과·체형관리·두피관리실·마사지실이 있고, 3층엔
수술실·입원실·간호사실·행정사무실이 있으며, 4층엔 전망대와 다기능 공간이 있다.
한국 미용성형 의사들을 소개하는 책자와 중국 여성 환자의 성형수술 후기가 홍보물로
나와 있다. 얼굴이 너무 커서 만족스럽지 않았고, 사진을 찍을 때마다 머리를 내려야 해
우울해서 서울리거 홍성범 원장에게 안면윤곽수술을 받았다는 내용이다.

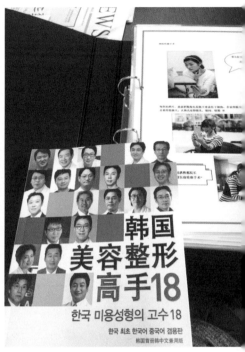

았는지가 중요하다. 인구수 대비 가장 많은 성형수술을 하는 한국 미용성형 시장은 한국에 '성형 공화국'이라는 오명을 씌웠지만, 이로 인해 의사들에게는 수술 기술을 연마할 수 있는 유리한 환경이 되었고 한국은 '성형 강국'이라 명명되었다.

'코리아 프리미엄'에서 가장 핵심적 마케팅 포인트는 한국 의사의 기술력이지만, 한국 의사들의 자상한 설명에 대한 선호도 높다.

한국 의사들의 자상한 모습, 설명을 좋아하며, 특히 한국 의사들은 실력이 좋다는 믿음이 큽니다. 어쩌면, 이는 당연한 겁니다. 한국처럼 성형 수요가 많고, 그 수술을 하다 보면 실력은 자동으로 좋아지지요. (K 원장)

자상한 의사 이미지는 사회주의 체제하에서 살아왔던 중국인들에게는 익숙하지 않은 모습이다. '고객'이라든지 '서비스'라든지 의미가 생소하기 때문이다. 미용성형 시장 안에서 환자가 아니라 고객에 대한 서비스를 중시해 온 한국 의사들의 태도는 한국 미용성형 상품의 장점이 된다.

중국의 한 성형외과 홈페이지에는 한국 의사의 이력 사항과 함께 혈액형, 취미까지 공개되어 있다. "의사 ○○○은 A형으로 완벽을 추구한다", "의사 ○○○은 B형으로 예술적이며 따뜻하고 부드럽고 친절한 사람이다" 같은 식이다. 유교 문화를 공유하는 중국 사회에서 중국 사람들은 한국 스타들의 인성과 성실함, 예의 바름에 감동받는다. 실제 한국 엔터테인먼트 산업은 아이돌을 착하고 친절한 존재로 표상하는 데 많은 공을 들이고 있고 한국 아이돌의 친절하고 무해한 모습은 한류 스타의 독특한 매력으로 평가되기도 한다. 이러한 풍토는 성형 한류 의사들에게도 전파된다. 중국 의사들의 선전, 그리고 만국기로 상징되는 국가 간 성형수술 기술의 우위가 겨뤄지고 있는 이 공간에서 한국 서울에서 온 자상한 의사라는 이미지 역시 새로운 상품으로 부상하고 있다.

주목되는 점은 중국에서 한국 성형수술이라고 해도 한국 의사들에게 완전히 의존하지는 않으며, 한국 브랜드를 차용한 '한국식 성형수술'이 상품화되고 있다는 점이다. 연구자 웨이 루는 그녀가 방문한 중국 성형외과 네 곳의 의사들이 모두 한국에서 성형수술 기술을 배워 왔다는 점을 내세운다고 전했다.[17] 국영 종합병원인 우중(Wujing)은 분야별 미용센터를 운영하고 있는데 그중 하나가 "한국 성형센터"다. 이곳에서는 눈꺼풀 성형수술을 "한국 눈 수술"이라고 명명하는데, 애매모호한 라벨이지만 한국이라는 브랜드가 잠재 소비자를 유혹하는 전술로 활용된다. 굳이 한국 출신 의사가 수술하는 것이 아니어도, 혹은 한국 의사가 운영하는 병원이 아니어도 한국에서 수술 기술을 배우고 트레이닝을 받았다는 증명서나 한국 의사들과 함께 찍은 사진, 한국 유명 병원과 협약을 맺었다는 증명서가 '한국식 성형수술'을 증명한다. 또한 그저 스타일의 하나로 제시되기도 한다. 쌍꺼풀을 아웃폴드로 크게 만들면 '유럽 스타일'이고 인폴드로 작게 만들면 '한국 스타일'이다. 쌍꺼풀 수술을 하러 성형외과에 가면 중국인 의사가 "유럽 스타일로 할 것인지 한국 스타일로 할 것인지"를 질문한다. 이와 같이 '한국식 성형수술'은 글로벌라이제이션 물결 속에 하나의 상징으로 중국 로컬에서 활용되고 있다.

미용성형 분야에서 수익성이 있다는 판단에 기대를 모았으나 SK아이캉은 매우 다른 측면에서 사건이 발생해 중국 안착에 실패했다. SK그룹의 병원 운영을 둘러싼 내부 갈등도 있었지만, 한국과 중국 정세에 따라 중국 정부의 단속이 심해졌기 때문이라는 후문이다. 2015년 《청년의사》는 "중국에 진출한 SK아이캉 병원이 망한 이유는 바로…"라는 제목으로 한 의료경영컨설팅 업체 대표와의 인터뷰 내용을 싣고 있다.

한 의료경영컨설팅 업체 대표는 "북경은 한국과 중국이 사이가 안 좋아지면 한국 병원부터 단속을 나오는 곳"이라고 말하면서 "SK아이캉이 같은 이유로 망했다"라고 주장했다. "당시 한국 외교부 직원이 사고를 당해 중국 병원에서 시술받다 사망한 사건이 있었다. 이에 한국 외교부는 사건 설명 과정에서 '중국의 낙후된 의료기술이 원인'이라는 취지의 발언을 했고, 이에 중국 측에서 '한국 병원은 얼마나 잘하는지 보자'는 식으로 SK아이캉 병원에 대한 집중 단속을 실시해 결국 병원 측이 문을 닫게 됐다는 것"이다.[18]

중국에 진출한 한국 성형외과의 실패를 자양분 삼아 시장을 확대해 가는 이메이얼이나 화메이의 사례, 한국 미용·성형 인터넷 커뮤니티를 벤치마킹해서 만든 신양 앱의 확장세를 보면, 한국 미용성형이 중국 미용성형 시장에서 차이나 드림을 성취하는 것은 힘겨운 여정이다. 2000년대 중국의 한국 미용성형에 관한 담론 변화는 이를 뒷받침하는 배경으로 볼 수 있다.

중국 언론에 재현된
한국 미용성형 담론의
변화

그들은 왜 성형수술에 열중하는가

1992년 한중 수교 이후 양국은 정치·경제뿐만 아니라 문화 교류도 시작했다. 1990년대 말 한국 드라마가 중국에서 인기를 끌면서, 김희선, 채림, 김남주 등 한국 여배우가 중국 시청자들에게 알려졌다. 동시에 일부 한국 여배우가 성형수술을 했다는 기사들이 나오면서 중국에 한국의 성형수술 기술이 화제가 됐다. 그 후 한국에서는 연예인뿐만 아니라 일반인들도 성형수술을 많이 받는다는 기사들이 나오면서, 중국인들은 한국 사람들이 성형에 열중하는 이유를 궁금해했고 기사들이 그 원인을 다루기 시작했다.

2004년 인민일보 산하 영자신문《글로벌타임스》는 "한국 사람들은 왜 성형수술에 열중하는가?"라는 기사를 실어 중국인들의 궁금증을 다뤘다.[19] 한국을 방문한 중국인 기자는 한국의 성형 열풍을 한국인의 얼굴 구조, 외모를 중시하는 전통, 가부장제 사회에서 남성들의 외모 지상주의, 성차별적 채용 관행 등으로 설명했다.

한국인의 얼굴 구조는 압구정동의 한 성형외과 인터뷰를 통해 설명한다. "한국인은 광대뼈가 높고 턱이 짧아서 얼굴이 예쁘지 않다", "한국 사람은 피부가 하얗기 때문에 흑반이 많이 나타난다"라는 내용이다. 이러한 이유로 한국의 안면 성형수술은 상당히 훌륭하고, 어느 성형외과건 레이저 기계를 서너 대씩 가지고 있다는 것이다. 두 번째는 전통적 요인으로 한국은 여전히 가부장제가 강고해서 여성에 대한 외모 차별이 심하다고 설명한다. "한국은 여성들이 20대건 70대건 장을 보러 갈 때도 옷차림에 신경을 쓰고 화장한다. 대학 강의실을 청소하는 아주머니도 파운데이션과 립스틱을 바르고 있다" 성형수술을 허용하는 인식도 놀라운 수준이라면서 "예쁜 여자 친구가 성형수술을 받았다는 사실을 알게 되면 받아들일 수 있겠느냐"라는 질문에 대한 한국 남성의 답변을 인용한다. "한국 남자는 대부분 미녀를 좋아해요. 성형한 인조미녀도 마찬가지예요. 미녀를 얻게 되면 (남자들의) 허영심이 만족되기 때문이죠" 세 번째는 성차별적 기업의 고용 관행을 꼽았다. "일부 대기업은 여성을 모집할 때 마치 기업의 모델을 뽑는 것처럼 높은 외모 조건을 내세운다. 여성들에게는 스펙도, 미모도 중요하다"

중국인 기자가 쓴 이 글은 마치 동양보다는 발전되고 우월한 서구에서 왔다는 감각을 가진 여행자가 아시아를 서구와는 전혀 공통점이 없는 독특한 세계로 기술하는 것 같은 인상을 받는다. 이 기사는 2000년대 초반 외모 중심주의 시대로 변모하는 한국 사회의 '민낯'을 꼬집고 있다. 그럼에도 동아시아권 국가로서 중국과 한국의 공통점에 대한 수긍보다는 중국과 매우 다른, 혹은 뒤처진 한국을 소개하는 뉘앙스를 풍긴다. '여전히'라는 단어를 통해 중국은 한국에 비해 여성을 평등하게 대우하는 사회라는 것을 은연중에 보여 주고 싶었던 것일까. 당시 중국에 미녀경제가 부상하면서 여성을 상품화하는 문화가 거세지고 있다는 점에 대한 연결은 찾아보기 어렵다. 세계 경제대국으로 부상하기 시작한 중국인의 자부심으로 한국과 한국의 미용성형 문화를 바라보는 주류 시선이 아닐까 하는 생각이 든다.

한국 성형관광 상품을 이용하는 방법

2000년대 초반 중국 언론들은 한국의 성형수술 기술과 상품에 우호적 기사들을 내보냈다. 기사들은 중국의 능력 있는 소비자들에게 한국 성형관광이 소비할 만한 상품이라고 안내한다. 한국의 성형 기술 수준은 어떠한지, 수술하려면 어느 지역으로 가야 하는지, 수술 종목에 따른 가격대는 어떠한지 등 내용이 상세하다. 중국보다는 비싸지만 질이 좋으므로 "탄탄한 재력"이 있다면 시도해 보라는 권유도 덧붙는다.

> 한국 압구정동에는 서울의 유명 성형외과가 많이 모여 있다. 그래서 성형의 거리라고도 불린다. 압구정동의 성형외과는 면적이 크지 않지만 내부는 아주 깨끗하다. 한 병원에 담당 의사가 한두 명밖에 없어서 업무가 아주 바쁘고 스케줄도 꽉 차 있다. (…) 한국에서 성형수술을 받으려면 재력이 탄탄해야 한다. 개인 병원에서 간단한 쌍꺼풀 수술을 받는 데도 최소 150만 원이 있어야 한다. 코 높이는 수술 같은 경우 약물의 등급에 따라 다르다. 가장 낮은 급은 150만 원이다. 눈 주름살 제거, 아이 백 지방 제거 같은 세밀한 수술이라면 더욱 비싸다. 220만 원이 없다면 이야기할 필요가 없다. 얼굴 윤곽 수정, 다리와 엉덩이 지방 제거, 유방 이식 등 복잡한 수술은 개인의 신체 조건에 따라 가격이 정해진다. 중국 국내보다 5~8배 더 비싸다. 질이 좋지만 가격이 비싸다.[20]

한국 성형수술 기술의 우수성은 서구 선진국을 가리키는 대

명사 미국의 권위에 기대어 믿을 만하다고 설명한다. 개혁개방
정책 이후 중국 대중에게 서구의 화장품을 소개하는 방문판매원
들이, 가격 때문에 망설이는 중국인들이 있다면 "미국 여성들도
이 화장품을 사용한다"라는 말을 세일즈 팁으로 학습했던 것처
럼 말이다.

아시아에서 한국 성형수술에 대한 평이 좋기 때문에 각 나라 사람
들이 우르르 몰려간다. 한국 성형업계가 이미 산업화, 체계화, 규범
화되어 있고 종사자들의 기술이 좋고 경험이 많기 때문이다. 한국
의 성형시스템은 미국식이다. 수만 명의 성형외과 의사는 대부분
미국에서 훈련받아 미식 영어를 유창하게 말할 수 있고 미국에서
학위증, 자격증과 수상 증서를 획득했다.[21]

한국 의사들은 전문적 기술력을 내세울 때 미국을 비롯한 서
구 선진국에서 훈련받았다거나 서구 학술지에 논문을 발표했다
는 점을 강조한다. 최근에는 서구와는 다른 동양인에게 맞는 수
술 기법을 개발했다는 점을 강조하면서 한국 성형수술 기술의
독자성과 우월성을 부각한다. 한국과 중국은 서구 선진국을 상
징하는 미국이라는 국가명이 대중에게 의료기술의 우수성을 설
득하는 주요한 상징이 된다는 사실을 공유하고 있다.

중국 소비자에게 한국 성형외과를 소개하는 기사들은 한국 성형의료 산업의 변화와 함께 이어졌다. 글만 있던 과거 기사와 달리 직접 병원을 찾아가 취재한 사진들도 포함된다. 2012년 신화망의 한 기사는 한국 성형수술 기술의 발전 그리고 성형외과에서 제공하는 '원스톱 서비스'를 상세히 설명한다.

최근 한국 성형의료 산업은 눈, 코 등 부위의 간단한 수술에서 안면, 턱뼈 등 대형 수술로 발전했다. 또한 수술이 필요한 모든 시설을 갖춘 '원스톱' 대형 성형외과가 나타났고 유명해졌다. 이들 병원은 수술 전 신체검사와 엑스레이 사진 촬영을 할 수 있는 장비와 수술실 등을 갖췄을 뿐만 아니라 수술 효과를 보완하는 치과, 피부과, 수술 후 간호, 안마, 입원 시설, 무료 셔틀버스 등을 풀 세트로 구비하고 있다. 단순한 의료기관에서 '미를 향유하는' 서비스 기관으로 탈바꿈했다. 한 병원 안에서 고객이 수술 전부터 수술 후까지 모든 친절한 서비스를 받을 수 있어, 왔다 갔다 하는 불편이 없어지고 수술의 만족도도 높아졌다.[22]

한편, 2015년 포털 사이트 소후닷컴(sohu.com)에는 한국을 '성형왕국'으로 지칭하며 쓴 '성형왕국의 역사'라는 글도 있다.

韩国广告美女－金南珠 整容前显得憨厚平实，整形美容后灵气逼人。

韩国广告美女－金南珠 整容前显得憨厚平实，整形美容后灵气逼人。

韩国广告美女－金南珠 整容前显得憨厚平实，整形美容后灵气逼人。

한국 광고 미녀-김남주는 수술 전에 소박하고 무던해 보이는데 수술 후에 세련돼 보인다.(sohu.com. 2005. 9. 12.)

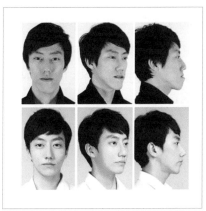

이민호 수술 전 & 수술 후(163.com, 2015. 7. 24.)
일반인 수술 전 & 수술 후[형초망(荊楚网) 2013. 8. 20.]

지난 세기 50년대 말 한국에서 전쟁으로 인해 신체 손상을 입은 환자가 많이 나타났다. 그들과 선천적 기형을 앓은 사람들을 위한 신체 복원과 교정 수술은 한국의 성형산업을 탄생시켰다. (…) 1980년대 초 한국성형의료미용협회가 설립되어 주로 성형미용 성과에 관한 연구를 진행했다. 한국인이 해외 선진기술을 배우며 처음에 성형의료팀이 유럽으로 파송되어 거기서 배우고 방문하고 귀국 후에 기술을 분석하여 원래의 것을 바탕으로 기술을 업그레이드했다. 한국인은 성형의료를 완전히 과학으로 삼아 연구하고 기술 영역을 심화했다. (…) 한류의 인기가 많아지면서 2000년 이후 수많은 의사가 성형외과에 몰려가고 각종 새로운 수술 방법도 잇따라 나타났다. 한국의 성형 산업이 점점 성숙해지고 기술도 세계적으로 앞선다. (…) 정부의 '안 보이는 손'은 성형 산업에서 막대한 역할을 하고 있다. 한국 정부는 미용성형업을 산업으로 운영하고 성형 산업의 발전을 대대적으로 촉진한다. (…) 한국 전 대통령 노무현과 부인도 눈 부분에 성형수술을 했다. 이로써 한국은 지위가 높은 사람이나 낮은 사람이나 성형에 대한 열정이 높다는 것을 알 수 있다. (sohu. com, 2015. 5. 29.)

언뜻 조롱 조의 제목과 달리, 한국에서 미용성형 기술이 발전하기까지의 과정을 짚고 있다. 한국 정부가 한국 미용성형 산업을 지원하는 정책들을 활발하게 펼치고 있다는 점을 기술하면서도 이를 정부의 '안 보이는 손'으로 지칭하고 있다는 점은 흥미롭다. 이 단어는 인터넷에서 한국 미용성형에 대한 비판을 중국식 애국주의와 연결하는 트리거로 활용된다.

'수술 전 & 수술 후'로 만들어진 성형 신화, 그리고 신화를 파고들기

중국에서 한류 인기가 식지 않는 만큼, 한국 연예인이 성형수술을 했다는 뉴스들은 대중의 눈길을 끌었다. 이들 기사는 특정 연예인이 성형수술을 했다는 확실한 사실보다는 데뷔 전후 사진을 대조하며 성형수술의 증거로 제시한다. 2005년 중국의 대표 포털 사이트 소후닷컴(sohu.com)에는 배우 김남주의 사진이 올라왔고 이후 한국 연예인들의 '데뷔 전 vs 데뷔 후' 사진에는 '성형 전 vs 성형 후' 라벨이 붙었다. 여자 연예인이 주를 이루다가 점차 남자 연예인, 미스코리아, 모터쇼 모델로 확대됐고 2015년경부터는 한국 성형 광고에서 낯익은 일반인 모델들이 등장한다.

댓글에는 미모를 자랑하는 한국 연예인을 조롱하는 글이 있는가 하면 한국의 성형수술 기술이 우월함을 인정하는 글도 많다. 또한 중국 여성 한 명이 한국에서 성형수술을 받은 후 입국

할 때 실제 모습과 여권 사진이 완전히 다르다는 이유로 공안의 조사를 받았다는 기사도 한동안 큰 이슈가 됐다.[23] 한국 성형수술 기술의 우월성은 전문용어가 가득한 학술적 글보다는 이러한 방식으로 중국 언론에 재현됐다. 연예인을 통해 재현된 한국 성형수술 기술은 항상 완벽한 것으로만 나타나지 않는다. 2007년 한국 연예계에서 처음 성형수술을 받은 연예인들에게 후유증이 나타났다는 기사들은 현재까지 인터넷에 떠돌고 있다.

초기 한국 성형 업계에서 질이 좋지 않은 의료 재료를 사용하고 수술 면적이 과대했으며 기술이 아직 성숙하지 않았던 점과 또한 수술 후에 제대로 간호하지 않은 점이 부작용의 주요 원인이다. (⋯) 의료기술이 아무리 발달해도 얼굴에 반복적으로 수술을 받으면 후유증이 나타나기 마련이다. 연예인 중에 성형 후유증이 가장 뚜렷이 나타난 수술이 코 높이는 것과 유방 이식이다. (sohu.com. 2007. 9. 29.)

한국 성형수술의 신화가 만들어지면서, 이 신화를 파고드는 사람도 많아졌다. 성형수술로 인한 부작용이나 후유증 등의 문제들은 화제를 모으고, 언제 생성되었는지와 무관하게 현재까지 인터넷에 지속적으로 나타난다.

의료한류를 조심하라, 의료사고에 둘러싸인
한국 성형 산업

고급 소비상품처럼 한국 성형수술을 소개하던 중국 언론의 분위기는 2010년대 이후 크게 변화했다. 한국에서 성형수술을 받다가 사망하거나 부작용이 발생하는 등 의료사고 사례는 이전에도 언론에 종종 보이긴 했지만, 이 시기처럼 뜨거운 화제가 되지는 않았다. 관련 기사는 한국의 성형수술 기술이 미숙해서 의료사고를 초래했다기보다 한국 성형의료 산업의 상업화에 따른 문제와 한국 정부의 방임을 비판한다.

2013년 8월 19일 중국 관영방송 CCTV 〈경제 30분〉은 "의료한류를 조심하라!"라는 제목으로 한국으로 성형수술을 하러 가는 중국 여성들이 폭증하고 있는데, 의료관광의 문제점을 소홀히 생각해서는 안 된다는 내용을 내보냈다.

중국 대중이 한국의 수많은 로맨스 코미디 영화, 드라마에 미혹되어 성형 하면 한국을 떠올린다. 그러나 한국 성형 산업 최대의 배후 조력자는 한국 정부다. 2007년 한국 정부가 5억 7000만 원을 들여 해외 환자 입국을 돕는 서비스 시스템을 구축했다. 2009년에는 외국 환자 의료관광 산업을 합법화했고 한국 성형 산업의 해외 진출을 촉진했다.

기사는 한류와 성형을 밀접하게 연결하는 주요한 행위자가
한국 정부라고 강조하며 "배후"라고 표현한다. 한국 정부가 자
국의 성형의료 산업을 엄격하게 규제하지 않으며, 성형외과들이
극단적으로 혹은 비윤리적 방법까지 동원하여 중국인들을 소비
자로 유인한다면서 무책임성을 지적한다. 한국 정부의 방임으로
일어나는 것은 번번이 알려진 의료사고다. 방송은 또한 성형관
광에 내재한 문제점, 즉 마취와 수술, 회복, 후유증 등이 수반되
는 의료 행위가 관광과 결합할 때 불가피하게 발생할 수밖에 없
는 문제들을 지적했다.

중개업자에게 문의, (한국) 병원과 의사 정보를 알아봄, 출국, 수술
비 지불, 입원, 수술, 귀국. 이러한 상업화된 이익 체인 안에 환자와
병원, 의사 간에 충분하고 이성적인 교류가 부재하고 성형 방안과
수술 결과에 관한 의사소통, 나타날 문제와 처리 방안에 관한 대응
책도 부족하다. 이것이 바로 일부 소비자가 희망을 품고 갔다가 고
통에 시달리며 귀국해 결국에 신고할 수도 없는 상황에 처하게 되
는 근본 원인이다.

CCTV의 보도는 중국 주류 언론에서 성형의료 한류의 문제점을 밝혀내는 시작점이었다. 2014년 성형 의료사고 피해자 10명이 집단적으로 권익 보호를 호소했던 행동은 CCTV를 포함한 더 많은 매체가 한국 성형과 성형관광의 문제에 주목하게 했다. 2015년 7월 16일과 17일 중국 최대의 포털 사이트인 큐큐닷컴(QQ.com)은 연속하여 이틀간 '성형의재(整形浩劫)'라는 제목의 기사를 냈다. '성형의재'는 '성형의 큰 재난'이라는 뜻이며 기사는 '한국행 실패자'라는 소제목으로 시작된다. 두 편의 기사는 성형수술 실패 후 생활고에 시달리며 한국에서 시위하는 피해자들의 모습을 생생하게 보여 준다.

첸이리는 선전에서 의류업을 한다. 2010년 한국에서 통역 일을 하는 친구가 성형수술을 하자고 조르는 바람에 15만 위안[24]을 들여 코와 턱 수술을 받았다. 수술 후 코가 휘어지고 입술이 비대칭이 되었으며 안면 근육이 경직되었다. 40만 위안을 더 주고 복구하는 수술을 받았지만 크게 달라지지 않았다. 진웨이쿤은 MBC 퀸 채널의 한중 합작 메이크오버 프로그램 〈소원을 말해봐〉 지원자였다. 몇 년 전에 성형수술에 실패한 가슴 복구를 위해 이 프로그램에 지원했다. 선발된 후 제작진의 추천에 따라 2014년 1월 14일에서 2월 4일까지 안면윤곽, 코, 가슴 등 12차례 수술을 받았다. 그러나 12개

수술이 다 실패했고 광대뼈가 비대칭이 됐고 턱뼈와 코 보형물이 비뚤어졌다. 진웨이쿤은 연예계 진출을 포기했다. 미이완이완은 한국 tvN 〈렛미인〉을 보고 2013년 프로그램에 나온 한국 성형외과로 찾아가 수술받았다. 수술 후 감염이 심각했고 수술 자국도 커졌다. 한국에서 재수술했는데도 별 효과가 없다.[25]

한국에서 발생한 성형의료 사고의 원인에 대하여, 언론은 언어 차이로 인한 의사소통 장애, 한국 성형외과 의사의 낮은 진입 장벽, 성형의료관광 산업에서 존재하는 수많은 불법 중개업자 등을 언급했다.

관리가 혼란한 한국 성형외과 시장에서 일부 병원은 환자에게 수술 충전물 증명 자료도 제출하지 못한다. (…) 수술 비용도 마찬가지다. 성형의 거리에서 대부분 병원은 공개적 가격표가 없고 수술 비용은 소위 실장이 정한다. 또한 성형외과에서 한국 환자와 중국 환자에게 알려 주는 수술 비용이 다르다. 중국 관광객에게 알려 준 가격은 한국인보다 두세 배 더 많다. (…) (중국의 중개업자에 관하여) 중국 국내에서 8개 대형 마케팅 기구가 한국 성형 산업을 위해 일한다. 그들은 한국 성형외과를 과대 홍보할 뿐만 아니라 중국 고객이 올린 신고 글을 삭제하기도 한다. 이 마케팅 기구들이 중국 소비자

〈신민주간〉(2014년 10월 22일)에 실린 관련 사진²⁶
진웨이쿤의 권익 투쟁이 사기라고 설명하기 위해 한국 병원 측에서
그녀의 사진을 전시판으로 만들어 행인들에게 보여 주고 있고(좌),
미이완이완이 병원 앞에서 1인 시위를 하는 모습(우).

명동에서 일인 시위를 하는 왕지안용, 성형수술 실패 후 담배에 중독된 첸이리, 가족이
이해해주지 못하고 남자 친구도 떠나버려 심한 우울증에 걸린 첸이리, 희망이 없어 보이는
투쟁의 길에서 서로 위로해 주는 피해자들(QQ.com, 2015. 7. 16.)

에게서 고액의 이윤을 번다. (신민주간, 2014. 10. 22.)

한국에서 성형에 종사하는 의사가 10만 명 있는데 자격증을 가진
사람은 단지 2000명이다. (…) (대한성형외과의사회 회장 차상면에 따
르면) 이 자격 있는 2000명 중에 320명만이 외국인에게 수술할 수
있다. 그러나 실제로 10000명 넘는 자격 없는 의사가 성형수술을
하고 있으며 일부 병원에서는 환자를 마취하고 나서 유령 의사로
바꾸어 수술을 진행한다. (QQ.com, 2015. 7. 16.)

2015년 중국 성형미용협회는 한국으로 원정 성형을 가는 중
국 환자 중에 의료사고·분규의 발생률이 매년 10~15퍼센트 증
가하고 있다고 밝혔다.[27] 이 수치는 이 시기 한국 성형 의료사고
에 관한 기사가 많이 나타나는 원인을 설명해 준다. 한국 원정
성형의 피해자들이 자신의 사연을 대중에게 알려 중국 언론의
주목을 받았고, 그동안 중국 언론에서 미운 오리 새끼 신화를 이
뤄준다고 재현되었던 한국 성형수술 기술은 탈신화화되기 시작
했다.

한국에 미용성형을 하러 가는
이유와 가지 않는
이유

2014년 내가 메리와 로린, 리후이를 만났던 때는 한국에서 발생한 성형수술 사고와 이에 대한 부적절한 대응에 대한 문제들이 중국에 대대적으로 방송된 다음이었다. 상하이에 사는 30대 여성 메리는 네일 숍을 운영하고 있고 한국에서 보톡스와 필러 시술을 받은 적이 있다. 메리는 네일 숍 물품들 대부분이 한국 제품이어서 한국인들과 교류가 잦다. 그녀는 한국 사람들은 외모를 가꿀 줄 알지만 중국 사람은 아직 멀었다고 말한다. 명품 브랜드를 입는 것을 좋아하기는 하지만 조합할 줄은 모른다는 것이다. 메리는 성형수술을 한다면 경험 있는 의사들이 많은 한국에서 하는 것이 낫다고 생각한다. 하지만 왜 사고 기사들이 많이 나는지 모르겠다며 우려하는 마음을 표했다.

중국인들 중 한국에 가서 성형했는데 실패했다는 사례가 있어요.

그 세 명이 홍콩에서 전문적으로 이런 것들을 보도하는 프로그램이 있는데 거기 나왔었어요. 그리고 그 세 명이 같이 한국 그 병원들을 고소했어요. 그런데 아무래도 중국인이 한국으로 고소하는 것이다 보니 실패했어요. 이런 것들이 계속해서 중국에서 보도되고 있어요. (⋯)

성형수술을 한다면 아무래도 한국에 가서 하는 게 나을 거예요. 한국 의사들이 경험이 많으니까요. 경험이 많고 실력 있는 의사를 찾아가서 해야지요. 상하이에는 실제로 병원도 적고 제일 유명한 나인쓰 병원 외에는 믿을 수 있는 곳이 거의 없어요. 그리고 기술적으로 봐도 한국이 낫다고 생각해요. 그런데 왜 자꾸 성형하다 죽었다는 기사들이 많이 나는지 모르겠어요.

한국의 성형수술 기술을 신뢰하지만 믿을 만한 병원을 찾는 일은 노고가 필요한 일이었다. 메리는 같이 일하는 한국인을 통해서 병원을 알아봤다. 중국인이지만 한국인처럼 대우해 주는 '느낌이 좋은' 병원을 찾느라 한국인 지인이 전화를 몇십 군데나 걸었다고 했다. 같이 간 지인이 수술할 때도 좀처럼 마음을 놓을 수 없었다고 말한다.

한국 친구랑 같이 갔는데 그 친구가 가기 전에 여기저기 물어봐 줬어요. 이삼십 군데는 알아본 것 같아요. 많은 곳을 알아봤는데 그중에서 ○○○이 종합적 느낌이 제일 좋았어요. 어떤 병원은 너무 커서 그런지 이런 작은 시술을 안 해 준다고 하고, 어떤 곳은 전화로는 설명도 잘 안 해 주고 무조건 상담받으러 오라고 하고, 어떤 곳은 너무 여행객 대상으로 하는 느낌이 들고. 사실 처음 성형을 받는 입장에서 불안하잖아요, 설명을 제대로 안 해 주면. 그래서 그중에 제일 친절하고 과정 설명도 잘 해 주고 그런 곳으로 갔어요. 그리고 성형외과 사이에서 유명하고 삼성 무슨 무슨 병원 소속이라고 하더라고요. 그래서 믿을 만한 것 같아요. (…) 가기 전에 중국 뉴스에서 어떤 50대 한국인이 성형할 때 마취했는데 깨어나지 못했다는 기사가 있었잖아요. 그것 때문에 사실 걱정이 많았어요. 이번에 한국 들어갈 때는 우리 어떤 고객분이랑 같이 갔었거든요. 눈 밑에 다크서클 없애는 수술을 받으러요. 걱정을 많이 했어요. 다행히 우리 모두 아무 일 없이 잘 끝났어요.

2021년 인터뷰한 레이는 한국의 한 지방 도시에서 7년여 유학 생활을 했지만, 쌍꺼풀 수술은 중국으로 귀국 후 고향에서 했다. 레이는 한국에서 성형수술을 하지 않은 이유로 믿을 만한 정보가 별로 없었고 유령 의사나 수술 후 사고 등 한국 성형외과에 대한 사고 뉴스가 많았기 때문이라고 했다.

한국에는 아는 사람도 별로 없고 안전하게 수술할 수 있는 정보가 부족했다. 중국 뉴스에 보면 한국에서 성형수술 사고가 많이 나고 유령 의사 이야기도 많았다. 실패할까 봐 걱정이 됐다. 중국에는 방학 때만 들어갈 수 있었고. 엄마는 회복 기간이 너무 짧으니까 문제가 생겨도 중국에서 조치할 수 없기 때문에 반대하셨다. 내가 하고 싶다는 의지가 강하니까 엄마는 "중국에 오면 해라" 이렇게 말씀하셨다.

한국 성형수술에 대한 문제의식에는 "한국에서 성형하면 다 똑같은 얼굴이 된다"라는 비판도 더해지고 있다.

아무래도 나라마다 미인관이 다르니까 한국에 가서 성형하려고 안 하지 않을까요? TV나 인터넷에서 한국 여자들 보면 성형한 게 다 똑같아요. 쌍꺼풀이 있고 달걀형 얼굴에 앵두 입술 같은 얼굴을 좋아하잖아요. 주변에 친구들 보면 그렇게 한국 여자같이 되고 싶어 하는 친구들이 있어요. 그런데 저는 안 할 것 같아요. 사람마다 추구하는 외모가 다르니까요.
(… 전에는 (한국으로 성형수술을 하러 가는 사람들이) 아마 꽤 있었을

것 같아요. 근데 지금은 적지 않을까요? 왜냐면 전에는 다 그런 얼굴을 추구했었으니까 그랬을 수 있을 거 같아요. 그런데 요즘은 인터넷에서 다 똑같은 얼굴로 성형하면 욕도 먹고 그러다 보니 요즘은 안 하려고 할 것 같아요…. 그… 전에 미인선발대회 있잖아요. 한국 미인선발대회에 참여한 한국 여자들 얼굴이 다 똑같이 생겨서 그걸로 욕을 많이 했어요. 그리고 성형미인들 보면 다 똑같이 생긴 사진들 있잖아요. 그런 것들도 올라오고요.

로린의 이야기는 2013년에 '미스코리아.gif' 파일이 전 세계적으로 논란이 되었던 것과도 관련이 있다. 미인대회 후보자 20명의 사진을 담은 '미스코리아.gif' 파일은 처음 일본의 어느 인터넷 사이트에 올라왔고 이후 한국과 중국, 미국의 인터넷, 그리고 언론에까지 퍼지는 데 불과 48시간이 채 걸리지 않았다. 이 파일로 인해 한국 미용성형은 미녀의 얼굴을 똑같이 복제한다는 조롱을 받았다. 후에 이 파일이 조작물이라는 점이 밝혀졌지만 이 사실은 널리 알려지지 않았다.[28]

로린은 한국의 미인상과 중국의 미인상은 차이가 있다고 말하는데 한국은 외적 미를 중요하게 생각하지만 중국은 그 사람의 독특한 분위기, 즉 '치즈(气质, 기질)'를 중요하게 생각하고 또 당당하다는 것이다.

제 생각에는요. 중국은 그… 음… 얼굴형은 얼굴이 네모난 모양도 동그란 모양도 다 괜찮아요. 하지만 한국인들은 계란형만 예쁘다고 생각해요. 중국인들이 좋아하는 건요. 음… 그 떳떳함? 당당함? 쿨한 것을 좋아해요. 선천적으로 자기만의 느낌을 가지고 있는… 그런 거요. 그런데 그 지금 맞은편에 앉아 있는 여자를 보면 이렇게 보면 안 예쁘다고 느낄 수 있어요. 그런데 저 여자만의 그런 기질(气質, 느낌·분위기)이 있잖아요. 그러면 그게 예쁜 것 같아요.

나는 로린의 시선이 이 장의 처음에 소개한 글로벌타임스 기자의 시선과 겹친다는 인상을 받았다. 중국 여성들은 한국과는 다르다는 자부심, 획일화된 미 기준에 사로잡혀 있지 않으며 자기만의 개성을 중요하게 생각한다는 것을 부각한다.

중국 젊은 세대를 중심으로 반한 감정과 함께 한국 성형의료 산업과 문화에 대한 문제의식들이 커지고 있는 상황이다. 중국 대중문화를 보면 한국의 외모 중심주의, 성형수술 문화에 대한 정서가 호의적이지 않다는 인상을 받게 된다. 중국판 〈미녀는 괴로워〉로 알려진 영화 〈성형일기(整容日记)〉는 홍콩 감독 린아이화(林愛華)가 제작했다. 영화 속 주인공이 한국 기업에 취업하게 되는데 매니저가 신입 직원을 교육할 때 이렇게 말한다. "한국 사장은 외모를 중요하게 여기니까 하루에 옷을 두 번씩 갈아입도록 해" 또한 드라마 〈환락송(欢乐颂)〉에는 주인공 앤디를 음해하는 소문을 퍼트린 여성이 나오는데 주인공 중 바이푸메이(白富美)[29]로 나오는 재벌 2세 취 샤오샤오가 그녀를 질타하며 말한다. "재는 돈을 얼마를 들여서 한국에 가서 성형했는데 얼굴이 그 모양이야" 그래서 20대 리후이에게 한국으로 성형수술을 하러 가는 사람들에 대해 알고 있느냐고 물었을 때 리후이가 한 답변이 어느 정도 이해가 됐다.

제 주변에는 없어요. 전단지 같은 걸 나눠 주는 걸 본 적은 있고 실제로 많다고는 하는데… 상하이에도 충분히 유명한 성형외과들이 많다 보니 다들 중국에서 하는 것 같아요.

국가의 경계를 넘는 경제적·사회문화적 흐름은 로컬 국가에서 국민적 정서를 불러일으키며 민족주의 담론과 필연적으로 연결된다. 상업화된 한국 성형관광의 문제점과 반한 감정이 부상하고 있고, 젊은 세대 여성들이 한국 미용성형 산업을 바라보는 시선은 호의적이지 않다. 중국은 한국과 다르게 다양한 미 기준을 포용하는 국가이며, 중국에도 한국만큼 실력 있는 성형외과가 존재한다는 자부심을 내세운다. 한국 미용성형의 트랜스내셔널 프로젝트는 중국 미용성형 기술의 우월함 혹은 동등함을 주장하는 중국의 국민적 정서, 내셔널리즘과 만나면서 곤경에 처하게 된다.

4

셀러브리티 경제와
성형

궈징징(郭晶晶)과
왕푸샹(旺夫相)
열풍

2012년 중국은 성형수술이 운을 열어준다는 개운(開運)성형 이야기로 떠들썩했다. 유명 다이빙 선수 궈징징(郭晶晶)이 홍콩의 재벌 2세와 결혼한다는 신데렐라 스토리가 시작점이었다. 1981년생 궈징징은 '다이빙 여제'로 불린다. 2004년 아테네 올림픽과 2008년 베이징 올림픽 금메달리스트이고 세계선수권대회에서는 5연속 2관왕에 올랐다. 그녀의 외모는 특히 화제가 됐다. "163센티미터, 48킬로그램, 완벽한 몸매와 영화배우 뺨치는 외모를 가진 '얼짱 스타'", "외모도 실력도 원더풀! '다이빙 여제'", "상업성과 실력을 갖춘 다이빙의 디바"는 그녀의 단골 수식어들이었다. 광고 제안이 끊이지 않아 중국체육총국은 그녀가 광고 출연이 잦다는 이유로 경기 출전 금지 명령을 내린 적도 있었다. 2008년에는 한국타이어 중국판 광고에도 출연했다. 광고는 "일로통천하(一路通天下), 하나의 마음으로 천하를 통일한다"라는 콘셉트로 귀징징의 연습 장면과 내레이션을 내보냈다.

2008년 무렵부터 그녀가 홍콩의 재벌 2세 훠치강과 사귀고 있고 재벌가의 며느리가 될 것이라는 소문이 이어졌다. 언론은 훠치강이 얼마나 대단한 부자인지, 그녀가 상류층 며느리가 되기 위해 어떤 준비를 하고 있는지 상세히 묘사했다.

훠치강은 부동산, 건축, 운수, 호텔, 유흥, 쇼핑몰, 석유 등 다양한 업종의 사업을 번창시켜 37억 달러의 부를 쌓은 홍콩 유수 재벌 훠잉둥의 장손으로 옥스퍼드대 경제학과와 관리학과를 졸업한 수재다. (…) 귀징징은 홍콩 상류사회의 예의범절을 체득하고 안면을 넓히기 위해 패션쇼에 자주 모습을 드러내고 있다. (…) (훠치강의 아버지) 훠전팅은 미래 며느리 귀징징의 신부수업을 위해 수천만 원의 비용을 직접 대는가 하면 100억대의 호화 주택을 결혼선물로 선사할 계획이라고 신문들은 전했다.[1]

귀징징은 2011년 1월 은퇴했고 2012년 훠치강과 결혼했다. 언론은 "22쪽 청첩장, 4번의 결혼식, 런던 명품가에서 고른 드레스, 준비 경비만 1500만 위안" 등 그녀의 결혼을 장식하는 화려한 모든 것들을 상세하게 보도했다.[2]

귀징징의 신데렐라 스토리와 함께 부각된 것은 그녀의 얼굴이었다. 네티즌들이 보기에 궈징징이 아주 빼어난 미모를 가지고 있는 것도 아니었다. 사람들은 "스포츠 선수로 대단한 실력을 가졌지만 출신도 평범하고 외모도 출중하다고 볼 수 없는 궈징징이 어떻게 재벌가 며느리가 될 수 있었을까?"라며 궁금해했다. 사람들은 그 이유를 그녀의 얼굴 생김새에서 찾았다. 홍콩의 유명 관상가는 궈징징이 백 년에 나올까 말까 한 왕푸샹(旺夫相, 남편에게 복을 가져다주는 얼굴)을 가졌다는 의견을 내놓았다.

(궈징징의 얼굴 생김새) 이러한 특징을 가진 여성은 남들보다 더 손쉽게 명리를 누릴 수 있고 혼인, 연애에서도 부자 명문에 시집 갈 가능성이 크다. 한평생 먹고사는 걱정을 안 해도 되는 상이다.

2010년 한 여성 커뮤니티 조사에서 40퍼센트가 넘는 네티즌들이 궈징징처럼 수술하고 싶다는 결과가 나왔다. 궈징징이 왕푸샹을 가졌다는 것이 가장 큰 이유였다. 한 네티즌은 "저런 얼굴을 가질 수 있다면 남편을 선택할 때 더 많은 기회를 얻을 수 있다"라고 의견을 밝히기도 했다.[3] 궈징징의 얼굴 부위 중에 높은 코와 매끄러운 코끝이 네티즌의 주목을 제일 많이 받았다. 언론은 궈징징의 얼굴 부위별로 왕푸 확률이 몇 퍼센트인지 분석하는 기사들까지 내놓았다.[4]

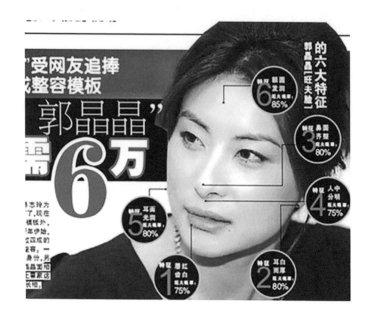

귀징징 '왕푸상'의 여섯 가지 특징
1. 입술은 빨갛고 이는 새하얗다. 왕푸 확률 75%
2. 귀는 하얗고 두껍다. 왕푸 확률 80%
3. 코가 높고 코끝이 매끄럽다. 왕푸 확률 80%
4. 인중이 분명하다. 왕푸 확률 75%
5. 얼굴 피부색이 밝고 윤기 있다. 왕푸 확률 80%
6. 이마가 훤하고 머릿결이 윤기가 난다. 왕푸 확률 85%

2012년 귀징징과 훠치강이 결혼한 후 '개운(開運)성형'이라는 말이 중국 미용성형 업계에 유행하기 시작했다. 개운성형은 부귀영화로 가는 길에서 닫혀 있는 문을 여는 것, 즉 운이 좋아지게 하는 성형수술이다.

관상이 유행하는 홍콩, 광둥 지역에서 전부터 개운성형이 인기가 있고 최근 귀징징의 결혼은 대륙에까지 개운성형 열풍을 불러일으켰다. (…) 이들은 예뻐지려고 성형외과를 찾아온 것이 아니라 복이 있는 얼굴을 가지고 싶어서 찾아왔다. 어떤 사람은 큰 귓불이 '복이(福耳)'의 상징이라 해서 귓불을 크게 만들려 하며, 어떤 사람은 '부부궁(夫婦宮)'인 관자놀이가 움푹 들어간 것이 연애 관계/부부 관계에 해롭다고 들어서 관자놀이를 채우려 한다. 또한 많은 남성은 코를 부귀의 상징으로 보고 코를 높이는 수술을 하기도 한다.

개운성형은 성형의료 산업이 성차별적 관상론에 대한 믿음에 근거해서 돈 버는 길을 열었다. 여성의 얼굴이 남편의 수명과 가문의 명운을 좌우한다는 오래된 관념이 신문에 불려 나왔고 성형수술은 그 해결책으로 제시됐다.

36세 종옥(가명)은 피부가 하얗고 얼굴이 반반하고 중년인데도 우아한 멋이 여전하다. 하지만 높은 광대뼈 때문에 가족들 앞에 고개를 숙일 수밖에 없다. 시어머니가 "여자가 광대뼈가 높으면 칼 없어도 남편을 죽일 수 있다"라고 몇 번이나 말했다. 종옥은 항상 불안해하고 작은 일로 남편과 싸우기도 한다. 그녀는 귀징징의 왕푸샹을 가지기 위해 성형외과를 찾았다.

29세인 전녕(가명)은 키가 크고 예쁜 데다가 양미간에 불그스레한 '미인점(美人點)'이 있어서 더 매력적으로 보인다. 그러나 입가에 있는 점이 문제였다. 결혼을 앞두고 상견례 자리에서 남자 친구의 가족들은 그녀 입가의 점이 '조상과 후손에 해를 끼치는 패가 점(敗家點, 재산을 다 써버려 집안을 망친다는 상징)'이라고 보며 그녀의 인상을 안 좋게 봤다. 그녀는 남자 친구와 헤어졌는데 그것이 입가의 점 때문이라고 생각했다. 전녕은 '패가 점'을 없애고 '길상(吉相)' 미녀가 되려고 성형수술을 받았다.

왕푸샹 관상과 개운성형의 결합은 여성이 결혼을 통해 남성의 부와 지위를 얻는 것이 행복한 삶이라는 관념에 더하여 여성의 외모가 남편의 운을 좌우한다는 오래된 관념이 중국 사회에 다시 회자되게 만들었다. 네티즌들은 귀징징이 홍콩 재벌 2세와 결혼할 수 있었던 이유는 "시댁에서 그녀의 왕푸샹을 마음에 들어 했기 때문"이라고 생각했다. 왕푸샹이 붐을 이루는 가운데 대만의 MC이자 가수이며 배우인 쉬시디(徐熙娣)[5]도 대표적 왕푸샹 사례로 떠올랐다. 대만의 한 성형외과 의사는 2013년에 대만 토크 쇼 〈강희래료〉에 출연해 쉬시디의 길고 매끄러운 턱이 대만 여성이 가장 가지고 싶어 하는 부위라고 말했다. 아름다움 때문이 아니라 "그녀의 턱이 평생 부귀의 상"이라는 것이었다.[6] 개운성형에 대한 관심과 유행은 관상론과 가부장제적 여성 규범이 존재해 온 중국 사회이기에 가능했다. 이 오래된 관념과 규범은 중국뿐 아니라 한국을 비롯한 다른 동아시아 지역에서도 통용되며 이 지역 미용성형 의사들은 관상에도 일가견이 있는 전문가로 역할을 수행한다.

뜨거운 엄마?
'라마(辣妈)'
양미(杨幂)

양미(杨幂, 1986년생)는 2011년 타임 슬립 드라마 〈궁쇄심옥〉으로 일약 스타가 되었고 연기자, 가수, 드라마 제작자 등으로 꾸준히 활동하고 있다. 청순미와 관능미 모두를 갖춘 연예인으로 평가받는데 드라마에 출연할 때마다 조금씩 변화되는 얼굴 때문에 성형 의혹이 끊이지 않는다. 성형설뿐만 아니라 '발 냄새가 심하다', '노래 실력이 없어 립싱크한다' 등 구설수도 적지 않았다. 양미는 조롱 섞인 비난들에 재치 있게 대응하면서 대중의 호감을 얻고 있다.[7]

2014년 결혼과 함께 딸을 출산한 후 연예계에 복귀한 양미는 젊은 인기 여배우와 엄마의 역할을 겸비한 '라마(辣妈)'로 등극했다. 라마는 매울 '랄' 자와 어머니 '마' 자를 합친 용어다. 영국 축구선수 데이비드 베컴의 아내 빅토리아가 활동했던 걸 그룹명 '스파이스 걸스(The Spice Girls)'에서 유래했다. 스파이스 걸스는 중국어로 '라메이[매울 랄(辣), 누이 매(妹)]'다. 빅토리아가 결혼하고 아이를 낳았으니 '라마'가 된 것이다. 라마는 또한 '핫맘(Hot mom)'으로도 자주 쓰인다. 라마 또는 핫맘은 빅토리아 베컴처럼 "출산 후에도 섹시하고 핫하며 매력이 변하지 않는 여자 연예인"을 지칭하는 용어로 사용되기 시작했다. 출산 후에도 양미는 "출산 전과 다름없는 인형 같은 외모에 늘씬한 몸매로 대중의 시선을 사로잡았다", "결혼 전의 완벽한 몸매를 회복해 팬들의 칭찬을 자아냈다"라는 등 찬사를 받았다.

일찍이 라마 위치에 올랐던 대표적 배우는 캐나다 국적의 홍콩 여배우 중리티(钟丽缇)와 대만의 쉬시디(徐熙娣)다. 이들은 결혼, 출산과 무관하게 섹시한 매력을 과시하고 있다. 1970년생인 중리티는 섹시한 이미지를 가진 라마로 어필하고 있으며 Marie France Bodyline 모델로 활동했다. 2013년 웨이보에서 제1회 라마대회를 열었는데 '중국 라마'로 뽑혔다.[8] "43세의 나이에도 불구하고 몸매가 여전히 섹시하다"라는 것이 지배적 의견이었다. 1978년생 쉬시디는 대만 토크쇼 〈강희래료(康熙來了)〉[9]의 진행자인데 남자 게스트와 스킨십이 잦고 본인의 성 경험도 과감하게 발언하는 등 거침없다고 알려져 있다. '철이 없다'는 소리를 듣기도 하지만 대부분의 젊은 사람들은 그녀의 진행 스타일을 좋아한다. 2005년 쉬시디는 재벌 2세와 결혼하고 딸을 출산했

라마 쉬시디

다. 출산 후 불과 몇 개월 만에 각선미를 과시하는 몸매로 나타
났고 〈임신일기〉를 출간해 중국의 대표 라마로 등극했다. 유모
차, 샴푸, 청결제, 세제 등 모성, 주부, 그리고 섹시한 이미지를 내
세우며 광고모델로 활약하고 있다. 미국 영화 〈그레이의 50가지
그림자〉를 패러디 한 아리엘(Ariel) 세제 광고는 엄마이자 주부지
만 섹시함을 잃지 않는 라마 이미지를 집약하여 표현하고 있다.

복단대학교 사회학과 교수 선이페이(沈奕斐)의 논문 〈슈퍼 핫
맘: 개인화 시대 모성과 여성의 권리〉에 의하면, 라마 담론은

2007년 이전까지만 해도 출산 후에도 섹시하고 핫하며 매력이 이전과 같이 변하지 않는 여성 연예인을 한정적으로 가리켰다. 2007년 이후에는 일반인으로 확대됐는데 외모뿐만 아니라 여성성, 여성의 역할을 강조하는 것으로 변화되었다.[10] "일반인도 라마 연예인의 다이어트 비결을 통해 각선미를 갖출 수 있고, 적극적인 생활 태도와 미를 추구하는 마음 등 내면의 기질을 잃어버리지 않으면 모든 사람이 라마가 될 수 있다"라는 메시지가 주를 이룬다. 2009년 이후부터 언론은 라마 담론에서 여성을 지칭하는 것이 아니라 엄마가 수행하는 행동과 상품을 구매하는 행위 등을 중점적으로 서술하기 시작한다. 라마는 모든 출산한 여성을 지칭하는 것으로 보편화되었고 육아, 가구, 뷰티, 복장, 차, 전자제품과 부동산 분야에까지 시장에서 활용된다. 라마는 '현대적인 좋은 엄마'이며 동시에 "외모적으로 아름다울 뿐만 아니라 육아와 가정의 모든 일을 해결할 수 있는 팔방미인이다."[11] 선이페이는 "라마가 '아름답고 일도 잘하는 신세대 여성의 롤 모델' 같지만 놀랍게도 언론에서 재현된 라마는 여성의 독립, 자주, 새로운 가족관계의 구축 등 '자신을 위해 살아간다'는 내용이 적거나 아예 볼 수 없다"라고 지적한다. 그녀는 라마 담론이 "국가와 가정의 시각에서 여성의 모성을 강조하고 여성에 대해 더 모순적이고 가혹한 요구를 한다"라고 비판했다.[12]

2015년 중국 인터넷 검색 포털 사이트 바이두(百度)¹³는 바이두 티에바(百度贴吧)¹⁴ 커뮤니티의 90후 라마 사용자를 대상으로 출산, 육아, 직업, 연예인, 쇼핑에 대한 인식을 조사했다. 주목되는 부분은 직업에 관한 인식과 임신기간 중 새로운 걱정거리로 떠오른 섹스와 혼외정사 문제다. 라마들이 원하는 직업은 웨이상(微商, kakao talk 같은 앱을 이용해서 물건을 판매하는 사람/행위)이 35퍼센트로 가장 높았고 다음이 해외 대리 구매(海外代购)와 기타로 8퍼센트를 차지했다. 안정적인 직장보다는 육아를 선택했다는 글들이 올라온다. "엄마가 된 후에 아이를 잘 돌보기 위해 전업 직장을 그만두고 웨이상을 하기 시작했다. 주로 옷, 화장품 등을 판다. 이 일은 시간상 구속이 없고 수입도 나쁘지 않다", "아이가 크고 산후조리가 끝나고도 웨이상으로 돈 버는 일을 계속할 거다." 해당 조사는 90후 여성들이 "새로운 직장의 길을 개척하고 있다"라고 부연하고 있지만, 사회적으로 육아를 지원하는 시스템이 보이지 않고 여성들이 육아를 위해 경력을 중단하는 중국의 상황을 드러낸다. 여성들의 주요한 고민은 또한 섹스와 혼외정사 문제다.

임신기간 동안 70후 엄마는 '아이가 남자인지 여자인지'에 대해 생각하고 80후 엄마는 '아이의 단독 방을 어떻게 마련할지'를 걱정하는데, 90후 엄마가 걱정하는 것은 이와 다르다. 48퍼센트의 90후 라마가 '임신기간 섹스의 금기'에 관심을 두고 32퍼센트의 라마가 '임신기간 섹스할 수 있을지'에 관심을 보이고 15퍼센트의 라마가 '임신기간에 남편이 바람피우는 것을 어떻게 방지하는지'를 걱정하고 있다.[15]

선이페이는 라마 담론에서 유독 남편의 혼외정사가 많이 언급되는 현상은 여성들에게 '결혼에 대한 안전감'이 부족하기 때문이라고 지적한다.

중국 사회에서 여성은 '혼인에 대한 안전감'이 약해지기 때문에 자신의 일도 하고 청춘을 유지할 필요성이 더욱 두드러진다. 남편의 혼외정사 위기가 늘 존재한다. 여성은 어머니와 아내의 책임을 다해야 할 뿐만 아니라 외모가 조로(早老)해서 남편의 마음을 잃어버릴 위험성을 방지해야 한다는 것이다. 매력을 유지함으로써 혼인관계를 지키고 남편에게 버림당할 운명을 피해야 한다.[16]

라마 담론은 이삼십 대 여성들에게까지 출산·육아와 무관하게 성적 매력을 유지해야 한다고 강조한다. 비슷한 내용들은 인터넷에 반복해서 나타나는데, 2011년 한 신문에서는 80후 신세대 엄마들에 대해 다르지 않은 내용의 기사를 내보냈다. "최근 80후 신세대 엄마들은 '중년의 위기'를 매우 이르게 경험하게 될 것이라고 생각한다. 친구들이 출산 후에 너무 빨리 늙었고 결국 남편이 정부를 얻게 되는 불행을 겪었다는 글을 올린다. 핫맘의 3퍼센트는 임신의 흔적을 지우고 체중을 줄이는 것이 행운을 가져다준다고 생각하면서 성형외과에 간다."[17]

라마 담론이 유행하고 출산 후에도 여전히 매혹적인 얼굴과 몸매를 과시하는 성형 롤 모델들은 중국 사회에 현대적 방식으로 보수적 여성성이 귀환하고 있음을 말해 준다. 여성들이 경제적으로 남성에게 종속되어 있는 경우 성적 매력이 곧 자신의 삶을 안전하게 만드는 방법으로 통용된다는 점이다. 임신과 출산은 없었던 것처럼 '에로틱한 몸'이 혼인을 유지하고 안정된 삶을 살아가는 기술로 독려된다. 재생산의 흔적, 나이 듦의 신호를 지우기 위해 노력해야 한다는 것이다.[18]

패기 있는 전형적
중국 미녀
판빙빙(范冰冰)

판빙빙(1981년생)은 중국에서 성형 롤 모델로 가장 많이 언급되었던 여자 연예인이다. 2014년 한국의 한 성형외과 의사는 중국 성형관광객이 들고 오는 사진 1위가 판빙빙이라고 전했다. 판빙빙을 추종하는 분위기는 매우 압도적인데 판빙빙의 매부리코마저 따라 하고픈 부위로 이야기될 정도다.

> 스타의 사진을 들고 오는 경우가 종종 있다. 한류 스타, 중국 스타 가리지 않는데 중국 스타로는 단연 판빙빙이 1등이다. (…) 처음엔 약간 당황하기도 했다. 판빙빙은 코가 약간 매부리다. 한국에서 매부리코는 다들 고치려고 하는 스타일이다. 하지만 중국인들은 매부리코마저도 만들어 달라고 한다.[19]

판빙빙은 18세에 드라마 〈황제의 딸〉에 금쇄 역으로 데뷔했

다. 드라마가 크게 흥행하면서 이듬해인 1999년 〈황제의 딸 2〉
가 제작되었는데 이 또한 역대 최고 시청률을 기록할 정도로 인
기를 모았다. 판빙빙은 황제의 딸 시리즈로 이름을 알렸고 이후
다수의 드라마와 영화에 출연했다. 특히 2003년 영화〈핸드폰〉
으로 제27회 대중영화 백화장에서 여우주연상을 수상하면서 비
주얼과 연기력 모두를 겸비한 배우 반열에 입성했다.[20]

판빙빙은 해외 무대에 자주 등장하면서 이름과 얼굴을 알렸
다. 2010년에는 글로벌 브랜드 로레알 파리의 홍보대사 자격으
로 칸 영화제 레드카펫에 섰고, 메르세데스 벤츠, 아디다스, 루
이비통, 로레알, 쇼파드 등 유명 글로벌 브랜드들과 광고 계약을
체결했다.[21] 2013년에는 영화〈아이언맨 3〉를 통해 할리우드에
데뷔했다. 출연 분량이 몇 분에 불과할 정도로 적었는데 중국 내
상영분에서만 볼 수 있었다. 이 때문에 할리우드가 중국 영화시
장을 겨냥하여 계산했다는 평가를 받았다. 서구 무대에 등장하
는 동양인은 자국민에게 많은 관심을 받고 자랑스러움으로 서사
화되곤 하기 때문이다.

특히 판빙빙의 이미지가 풍기는 '중국스러움'은 중국에서 그
녀를 중국 대표 미인으로 여기며 자부심을 갖게 한다. 이러한 정
서는 그녀가 글로벌 무대에서 모델로 활약할 수 있는 토양이 된
다. 미국의 패션잡지《W 매거진》린 허츠버그(Lynn Hirschberg)는

전형적 중국미녀의 모습을 보여 주는 판빙빙(좌)과 남장을 한 판빙빙(우)
칸영화제 개막식에서 용무늬 치파오를 입은 판빙빙

판빙빙이 중국인들에게 '중국인들의 글로벌 스타'로서 자부심을 가지게 하는 것은 그녀가 '중국스러움'을 보유하는 한에서 가능하다고 말한다. 서구적 미를 추구하는 것은 중국인들의 정서에 어긋난다는 뜻이다. 판빙빙 또한 이 점을 알고 있다.

중국에서 내 머리칼은 너무 상징적이에요. 나는 내 머리칼로 알려져 있어요. 하지만 머리를 자르고 파란색으로 염색하고 싶어요. 마구 미친 머리로 만들고 싶기도 하거든요. 만약 머리카락을 마음껏 자르고 파랗게 염색하라는 남자 친구를 만나면 결혼해버리고 싶을 정도예요. 하지만 제가 이 드레스들을 입은 사진들을 중국에서 보겠지요. 파랗게 머리를 염색하는 것은 좀 더 기다려야 할 것 같아요.[22]

글로벌라이제이션은 서구 문화가 동양에 침투하고 영향을 주는 과정이기도 하지만 동시에 로컬 문화에 대한 중국인들의 감각을 보다 민감하게 만들고, 중국 뷰티의 동양적 측면에 대한 감정을 자극한다. 중국 특색의 미녀가 새로운 미 이상으로 강조되는 것도 같은 맥락에서 이해할 수 있다.[23] 개혁개방 시기 서구문화를 이상화하며 중국적인 것은 낙후된 것으로 여겼다면, 글로벌 부국으로 부상한 중국에서 중국 특색의 미는 동양의 아름다움이며 지켜야 할 것으로 이상화된다. 판빙빙이 세련되고 개방적이며 현대적인 중국의 이미지를 대표하는 절세미녀인 것은 그녀가 중국인들이 생각하는 중국 미녀의 상에서 완전히 벗어나 있지는 않기 때문이다.

판빙빙 외모의 특징은 수박 씨앗 모양의 얼굴형에 가는 턱선, 큰 눈과 높은 콧날, 작은 입이다. 비현실적 외모라는 칭찬만큼이나 성형수술 의혹도 끊이지 않았다. 2006년부터 십여 년 동안 성형수술 의혹을 해명하고 있다. 2006년에는 기자들과 함께 병원을 찾아 엑스레이 사진을 찍고 진료기록을 공개했고 2014년 2월에도 병원을 찾아 성형 흉터나 보형물이 없다는 것을 증명했다. 2015년 1월 예능 프로그램 〈최강대뇌〉에서는 성형외과 의사가 출연해 판의 턱, 광대, 이마, 코를 만져 보고 성형수술을 하지 않았다고 확인했다. 판빙빙 성형수술 의혹 해명이 방송의 소재가 되는 것은 그만큼 성형수술에 대한 중국인들의 관심이 높다는 것을 의미한다.

판빙빙의 성형 여부와 상관없이 '판빙빙 따라 하기' 수술은 화제가 된다. 허난성의 바이위는 판빙빙 대역을 찾는 드라마에 출연하기 위해 이미 5차례 성형수술을 했는데 판빙빙처럼 성형해 달라고 성형외과를 찾았다. 그녀는 자신을 판빙빙으로 오해해 사인을 요청하는 팬들의 환호에 행복했다고 말한다. 예능 프로그램에 출연한 허청시는 판빙빙을 닮기 위해 15세부터 8년간 성형수술을 했다. 그녀는 외모뿐만 아니라 패션, 말과 행동까지 판빙빙을 따라 하며 사진을 인터넷에 올려 주목받았다. 의류 사업을 하는 유빙은 2016년 1억 4000만 원(한화)을 들여 판빙빙처럼 성형했는데 방송에 출연한 유빙의 어머니는 딸의 성형하기 전 귀여웠던 얼굴이 그립다고 불만을 토로했다.[24] 대만의 한 성형외과는 판빙빙 사진을 턱 성형수술 광고에 무단으로 도용해서 문제가 되었다.

디지털 사진과 SNS의 유행 속에서 판빙빙 얼굴은 포토샵으로 따라 하기의 대상이 됐다. 판빙빙의 얼굴에서 특징적인 것은 뾰족한 턱선이다. 한국에도 V-라인이 강조되지만 중국에서 V-라인은 한국보다 갸름하고 뾰족한 턱선을 강조한다. 인터넷에는 '송곳형 얼굴', '서징렌(蛇精脸, 뱀 요물 얼굴)'과 같은 신조어가 탄생했다. 중국 애니메이션 〈조롱박 형제〉에 나오는 뱀 요물인 서징렌은 성형수술이나 포토샵으로 얼굴이 비인간적으로 뾰족해졌다는 것을 말하고 나아가 똑같은 얼굴로 성형수술을 한 사람을 조롱하는 단어로 사용된다.

판빙빙 따라 하기 성형과 포토샵이 화제를 모았지만, 실제 젊은 세대 여성들이 판빙빙을 좋아하는 이유는 외모 때문만은 아니다. 팬들은 그녀가 중국에서 규정하는 여성성에서 이탈하는

서징렌의 원형인, 중국 〈조롱박 형제〉라는 애니메이션에서 나오는 뱀 요물(위)
송곳 얼굴형 유행으로 똑같이 보이는 '서징렌'(아래)

발언에 당당하다는 점에서 매력과 쾌감을 느낀다. 돈 많은 남자를 만나 결혼하고 싶지 않느냐는 기자의 질문에 "돈은 내가 많이 가지고 있다"라고 응수한 판빙빙의 답변은 젊은 여성들의 환호를 받았다. 판빙빙의 별명 중 하나인 '판예(范爷)'에서도 이러한 점을 알 수 있다. '爷(예)'의 본뜻은 할아버지이며 남자에 대한 존칭으로, 판예는 판님과 비슷한 뜻이다. 이 별명은 2010년 칸 영화제 개막식 때 판빙빙이 입었던 용무늬 치파오에서 비롯됐다. 중국 언론은 고대 황제의 상징인 용무늬 옷을 입은 판빙빙이 "자신의 야심을 드러냈다"라고 평가했고, 사람들은 판빙빙을 판예라고 부르기 시작했다. 그녀는 2015년 본인 이름을 딴 판빙빙 공작실이 기획, 제작한 드라마에서 중국 첫 번째 여자 황제 무측천(武側天) 역을 맡아 대중에게 '판예'다운 '여제' 이미지를 더 깊이 각인시켰다. 그녀는 패션잡지를 통해 남장 사진을 공개하기도 하고 공식 활동에서 털털한 성격을 보여 주며 판예 이미지를 공고히 했다.

리후이는 판빙빙이 고급스러운 스타일을 추구하며 자기만의 기질(气质)이 있다고 말한다. 기질은 사전적 의미로는 성격, 자질, 마음가짐을 뜻한다. 젊은 세대 여성들은 외모, 스타일도 중요하지만 개인이 풍기는 분위기를 중요하게 생각한다.

판은 옷이나 이런 스타일들에 눈이 높아요. 그러다 보니 전에 레드 카펫 밟을 때 입은 옷들이나 이런 것들에 대해서도 스스로 까다롭고 고급스러운 걸 추구해요. 그리고 글로벌 시대로 가는 배우예요. 또 예쁘기도 하지만 자기만의 기질(气质)이 있어요. 자신감도 있고 해야 할 말들은 하고요. 용감하고 개념 있는 발언들을 해서 인기가 많아요. 예전에 어떤 기자가 "돈 많은 남자한테 시집 가고 싶지 않아요?"라고 물어봤는데, "난 내가 잘 사니까 그런 거 필요 없다"라고 해서 화제가 됐어요.

샤오단은 "수많은 기사에서 판빙빙의 미모 때문에 사람들이 닮고 싶어 하는 대상이 되었다는 것처럼 보이지만, 실제 그녀가 인기 있는 또 다른 이유는 그녀가 남성 못지않은 패기를 가지고 있기 때문"이라고 말한다. 리후이 역시 "판빙빙의 위풍당당함이나 이런 걸 닮고 싶다고 생각한 적은 있지만 따라 하고 싶지는 않아요. 그러면 그건 내가 아니잖아요?"라고 했다. 판빙빙은 남성에게 의존하지 않는 독립적이고 성공적인 여성으로서의 이미지, 그리고 글로벌한 취향과 스타일, 패션을 과시하는 도시의 상류층 이미지를 동시에 보여 준다.

이국적 인형,
안젤라베이비와
디리러바(迪丽热巴)

검고 긴 생머리와 뾰족할 정도로 갸름한 턱이 트레이드마크인 판빙빙이 전통적 중국 미녀 이미지와 '강한 언니' 스타일로 칭송받았다면, 이와 정반대의 이미지로 인기를 얻고 있는 연예인들이 있다. '혼혈 얼굴', '이국적 선녀'와 같은 호칭으로 불리는 이들이다.

안젤라베이비(Angela Baby, 1989년생)는 중국에서 '혼혈 얼굴'의 인기가 시작되었다는 것을 알려주는 연예인이기도 하다. 안젤라베이비의 할아버지는 독일인으로 알려져 있다. 그녀가 이국적 인형으로 불리는 이유는 입체적 이목구비에 더하여 귀여운 소녀 이미지를 부각하고 있기 때문이다. 안젤라베이비는 상하이 출생으로 열세 살에 가족과 함께 홍콩으로 이주했다. 열네 살에 홍콩의 한 모델 에이전시와 계약을 맺고 모델로 활동하기 시작했다.[25] 2000년대 초반 홍콩 모델 업계는 10대 모델로 사업 영역을 확장하고 있었다. 하이패션 모델과 같은 신체 조건이나 전문 훈련 과정 없이 시각적으로 매력적인 소녀들을 광고모델로 데뷔 시켰고, 소비자들의 인지도를 바탕으로 가수, 배우 등 영역으로 확대하는 엔터테인먼트 시스템이 시작되던 시기였다. 안젤라베 이비가 재미 삼아 보낸 셀카 사진으로 모델 데뷔 기회를 얻은 것은 이와 같은 배경에서다. 그녀는 2011년《사우스 차이나 모닝 포스트(South China Morning Post)》와 인터뷰에서 데뷔 계기를 다음과 같이 설명했다.

> 순전히 장난에서 시작됐어요. 학교 친구가 재미로 모델 에이전시에 제 셀카 사진을 보냈거든요. 매니저인 킴이 저에게 모델을 해 보지 않겠느냐며 제안해 왔어요.

안젤라베이비의 인기는 10대 모델들 사이에서 압도적으로 높았다. 10대 남성들은 그녀를 일본 인형(japanese doll)이라고 부르며 숭배했고, 2009년 출간된 포토북《미스 안젤라베이비(Miss Angelababy)》는 3만 부 이상 팔렸다. 당시 홍콩의 유명 가수들의 음반 판매 기록을 넘어서는 수치였다.

안젤라베이비가 중국에 이름을 알리기 시작한 것은 2009년 무렵이다. 영화나 드라마에서 인상 깊은 연기를 보여 주지 못했지만, 패션 아이콘으로 주목받았고 '혼혈아' 같은 입체적 오관(五官)[26]과 아담한 얼굴 등이 강조되며 여신으로 등극했다. 그녀가 중국에서 누구나 알 정도의 스타가 된 것은 유명 예능 프로그램에 출연하면서부터였다. 2014년부터 중국 저장 TV의 〈달려라 형제〉[27]에 홍일점으로 출연해 씩씩하고 털털한 매력을 보여 주며 많은 호감을 얻었다. 여섯 명의 남자 출연자와 같이 뛰고 싸우면서 남자에게 보호받는 대상이 아니라 경쟁자로 행동하는 모습을 보여 줬고, 화장하지 않은 얼굴로 촬영하고 갯벌로 뛰어들어 흙탕물투성이가 되고 땅바닥에 구르는 모습들로 여신 이미지를 깨뜨리고 친근한 이미지를 구축했다. 이로 인해 안젤라베이비는 '여신'과 '뉘한즈'[28]를 겸비한 모습을 보여 주었다고 평가됐다. 동시에 그녀의 이미지가 한국판 〈런닝맨〉의 송지효 캐릭터와 너무 흡사해서 안젤라베이비가 송지효를 모방하고 연기했다는 지적도 이어졌다.

판빙빙, 양미와 마찬가지로 안젤라베이비도 성형수술 의혹을 받고 있다. 인터넷에는 그녀의 수술 전후를 대비하는 사진이 적지 않고 중국 네티즌들은 그녀가 당연히 성형수술을 했다고 생각한다. 안젤라베이비는 치아교정만 했다고 주장하며 병원에 가서 검진받기까지 했다.[29] 성형수술을 하지 않았다는 결과가 나왔지만 그녀가 성형수술을 했을 것이라고 생각하는 네티즌은 여

안젤라베이비

전히 많다. 그러나 인조미녀라는 부정적 인식보다는 이국적 인형 같은 미모로 더 많은 호감을 사고 있다. 말하자면 안젤라베이비는 성형수술 성공 사례로 간주된다.

최근 중국 방송계에서 디리러바(迪丽热巴), 구리나자(古力娜扎), 퉁리야(佟丽娅) 등 신장 위구르족 출신 여배우들이 대중의 관심을 끌고 있다. 2014년 인민일보는 이들을 '이국적인 선녀들'이라고 소개했다. 같은 중국인이지만, '이국적'이라는 단어를 사용한 것은 위구르족 출신 배우들의 외모가 보통 중국 한족 외모와는 다른 특징을 가지고 있기 때문일 것이다. 신장 위구르 자치구는 중국 북서부에 위치한 지역으로 중국인들이 서역이라고 불렀다. 청나라 때 중국에 편입되었고 한족과 확연히 다른 투르크계 이슬람교도로 고유의 역사와 언어, 문화, 종교적 관습을 가지고 있다. 중국으로부터 분리독립을 요구하는 목소리가 줄곧 거셌고 중국 정부의 경계와 탄압 또한 강한 지역이다. 아랍인과 비슷한 위구르족의 외모 특징은 중국 대도시에서 위험인물을 식별할 수 있는 특징이 되기도 했다. 정치적 상황과는 별개로, 엔터테인먼트 업계에서 위구르족 셀러브리티의 외모는 대중에게 신비롭고 서구적 분위기를 가진 미모로 찬사받고 있다. 90년대생 디리러바는 2016년 중국의 한 성형외과에서 실시한 조사에서 가장 닮고 싶은 연예인 1위를 차지했다. 디리러바는 2017년 중국 인기

이국적 미모를 가진 신장 출신 여배우들

드라마 〈삼생삼세십리도화〉에 신선 백봉구(어린 구미호)로 출연해 인기를 얻었고, 안젤라베이비에 이어 〈달려라 형제〉에 투입됐다. 대중적 인기와 함께 그녀를 수식하는 단어도 변화되었다. 신장에서 온 이국적 선녀로 불렸지만, 최근에는 신세대다운 재기발랄함과 당당함, 우아함을 갖춘 20대라고 표현된다. 1990년대생 린린이 디리러바와 같은 "혼혈아 그런 얼굴"을 더 좋아하는 데에는 이유가 있다.

저는 '혼혈아 그런 얼굴'이 좀 더 좋은 것 같아요. 디리러바 같은. 제가 워낙 유럽 스타일을 좋아해서 그런 것 같아요. 그런데 동양적 얼굴은 볼수록 예뻐 보이는 거고 혼혈아 얼굴은 첫눈에 엄청 예뻐 보이는 거예요. 뭘 보는지에 따라 다른 것 같아요. 드라마 볼 때는 좀 오래 볼 거니까 동양적 얼굴이 더 좋고, 잡지나 패션쇼는 혼혈아 얼굴이 더 좋아요.

린린이 디리러바와 같은 얼굴을 좋아하는 이유는 글로벌 브랜드의 패션뷰티 상품을 감상할 수 있는 잡지와 패션쇼 등에 어울린다고 생각하기 때문이다. 글로벌 브랜드들은 중국 시장을 공략하기 위해 중국의 유명인들을 브랜드 모델로 내세우고 있다. 브랜드 로고가 선명하게 찍힌 상품들로 치장하고 행사에 등장하거나 유명 브랜드 디자이너와 함께 사진을 찍은 연예인들의 모습은 낯설지 않다. 셀러브리티는 하나의 상품이며 이들을 내세우는 것은 상품의 이미지를 판매하는 마케팅 전략이 된다.[30] 대중은 셀러브리티의 이미지가 마케팅에 활용되고 있다는 사실을 잘 알고 있고, 그 자체가 스타의 이미지나 진실성을 손상하지는 않는다. 소비 자본주의 시장에서 상품을 구입하고자 열망하는 이들의 욕망을 충족해 주기 때문이다. 이른바 '혼혈 얼굴 등'에 대한 인기는 큰 눈과 높은 콧날과 같은 서구적 외모 특징이 유럽과 미국 등 서구에서 온 화려한 패션·뷰티 상품과 보다 잘 어울린다는 생각과 관련이 있다. 이때 화려한 외모란 패션뷰티 상품을 주인공으로 하는 '배경' 역할에 해당하게 된다.

셀러브리티를 둘러싼 미용성형 스토리에는 부와 인기에 대한 열망, 중국 특색에 대한 자부심, 글로벌 패션뷰티의 화려함에 대한 흠모가 자리한다. 셀러브리티는 전통적 가부장제나 빈부의 격차, 소수민족에 대한 차별·배제에 대한 문제 제기가 삭제된 화려한 스펙터클 세계에 존재하며, 글로벌 강국으로 등장한 중국, 그리고 하나의 중국을 표방하는 이미지를 전시한다. 또한 여성 셀러브리티들은 과거 어느 때보다 세밀한 외모 감시를 받는다. 과거 타블로이드 잡지가 맡았던 역할이 디지털 사진과 SNS

로 넘어가게 되면서 그 경향은 더욱 심화했다. 사람들은 거의 실시간으로 셀러브리티의 변화한 모습을 디지털 이미지로 확인하면서 어떤 외모가 아름다운지에 대한 시각문화를 공유하게 된다. 주목되는 점은 셀러브리티에 대한 관심과 인기, 외모 논평에는 미용성형을 통한 변화 가능성이나 미용성형 의혹 논란 등 서사들이 끊임없이 병렬 배치되고 있다는 점이다. 해당 셀러브리티가 미용성형을 했건 하지 않았건 그 진실과는 무관하게 미용성형 가능성과 끊임없이 연결하는 지식들이 생산되고 있고 이는 일반인들의 외모 불안감과 미용성형 소비에 영향을 준다.

5

'더 아름다운 얼굴'
만들기

아시아 뷰티 경제와
접속하는 소녀들

한국 뷰티 유튜버의 '상하이 출장 후기 튜토리얼'

최근 들어 주요한 변화는 미 규범에 대한 학습이 인터넷을 통해
확장적으로 이루어지고 있다는 점이다. 2021년에 중국 심양에
서 쌍꺼풀 수술을 한 레이는 중국 인터넷 플랫폼에서 한국 뷰티
유튜버의 영상을 보면서 화장법을 배우고 쌍꺼풀 수술에 관심을
가지게 되었다고 말했다.

> 인터넷에 한국 메이크업을 알려 주는 유명한 사람들이 있는데 모두
> 쌍꺼풀이 있어요. 그 사람들이 하는 것처럼 화장하고 싶은데 쌍꺼
> 풀이 없으면 잘 안되거든요.

레이의 사례는 아시아 뷰티 경제의 변화와 관련이 있다. 2000

년대 초반만 해도 중국에는 미국·유럽 등의 패션·뷰티 산업의 영향력이 컸다. 그러나 2000년대 후반에 들어서면서부터는 한국, 일본 등의 뷰티 상품과 문화의 영향이 커졌고, 유럽·미국 등 전통적 글로벌 화장품 기업이 독점적 지위를 차지한다고 보기는 어려워졌다. 한국과 일본의 뷰티 상품들의 매출이 가파르게 상 승했고, 럭셔리 화장품의 표준으로 위치되기도 했다.[1] 특히, 한 국 드라마와 대중음악, 예능 프로그램 등 한류가 인기를 끌면서 한국 젊은이들의 문화(youth culture)가 중국의 소셜 미디어와 방 송 플랫폼을 통해 널리 퍼졌다. 또한 한국 엔터테인먼트 산업에 서 영감을 받은 중국 내 뷰티 산업 수요가 급증했다.[2]

중국 인터넷 열풍은 패션뷰티에 관한 정보와 지식을 팽창시 키는 촉매제가 됐다. 기업가를 꿈꾸는 중국의 젊은 남성 IT 엔지 니어들은 유망한 사업 아이템으로 뷰티 분야를 선택했다.[3] 대부 분 다른 분야 사업에서 실패한 후 그 경로를 미용성형이나 뷰티 분야로 갈아탔다. 뷰티는 높은 비용이나 고도의 기술력, 위험부 담 없이 소비자를 손쉽게 모을 수 있는 분야로 여겨졌다. 한국의 인터넷 뷰티 카페나 '강남언니' 같은 성형 앱 등 선행 모델이 확 신을 주었다. 뷰티 앱 모차뷰티(抹茶美妆) CEO 황이(黃毅)는 한 국의 인터넷 카페를 참조했고, 중국 온라인 의료미용 플랫폼 신 양(新氧)의 CEO 진싱(金星)은 한국 '강남언니' 앱을 참조했다.

뷰티 콘텐츠들은 화장품을 사용하는 기술(skill)을 가르치는 튜토리얼(tutorial) 형식을 띤다.[4] 과거 화장품 기업들이 종이로 된 패션잡지에 광고를 싣고 방문판매원 교육에 힘썼다면, 이제는 인터넷 플랫폼과 왕훙(网红)[5]과 같은 뷰티 메신저를 활용한 마케팅에 주력한다. 이들은 상품을 몸에 체현하는 효과적이고 적절한 방법들을 알려 주면서, 외모를 관리하는 규칙과 메시지들을 유포한다. 얼굴과 몸에 관한 우려와 불안감을 동시에 생성하는 것도 특징적이다. 돈이 없는 젊은 세대 여성들에게 접근성은 더욱 강화됐다. 패션뷰티 잡지를 구입하지 않아도 저렴하고 손쉽게 볼 수 있게 되었으니 말이다. 레이가 중국판 유튜브라고 할 수 있는 빌리빌리(bilibili)에서 한국 뷰티 유튜버의 영상을 접하게 된 것도 이러한 배경에서다.

뷰티 유튜버 포니(PONY)는 한국의 유명 메이크업 아티스트다. 중국에서 포니는 뷰티 분야 한국인 왕훙으로 소개되며 자신의 이름을 딴 브랜드 '포니 이펙트'를 중국 타오바오에 열기도 했다. 그녀의 뷰티 튜토리얼은 한국과 글로벌 브랜드의 화장품을 가지고 화장품의 색조나 특징, 도구를 설명하며 다양한 콘셉트로 변신하고 화장품 사용 기법을 소개하는 내용으로 구성된다. 포니의 '겟 레디 위드 미(Get Ready With Me)' 영상 중에는 중국 상하이 출장 후기와 함께 올린 메이크업 영상이 있다. "안녕하세요. 오늘은 상하이입니다"로 시작하는 이 영상에서 포니는 상하이에서 했던 것과 똑같은 화장법을 소개한다. 그녀는 화장을 시작하기 전에 쌍꺼풀 액으로 쌍꺼풀을 만드는 방법을 소개한다.

튜토리얼을 진행하기 전에 쌍꺼풀 만드는 법을 알려 주려고 해요. 요새 제 눈이 흐리멍덩해져서 중요한 행사가 있을 때는 쌍꺼풀을 선명하게 만드는 메이크업을 즐기는 편인데요, 오늘 그것을 자연스럽게 연출하는 법을 알려 드리려고 해요. (유튜브 '포니 신드롬', 중국 상하이 출장기)

포니는 쌍꺼풀이 있지만 눈꺼풀에 접착제를 발라서 쌍꺼풀 라인을 크게 만들었다. 그녀는 쌍꺼풀 액을 사용할 수도 있지만 속눈썹을 붙이는 접착제도 같은 효과를 낼 수 있다고 말하며 메이크업 단계별로 접착제가 지워지거나 혹은 바른 티가 나지 않도록 조심스럽게 화장하는 방법들을 상세하게 설명한다. 쌍꺼풀이 없는 눈이 예쁘지 않다거나 결함이 있다고 지적하지는 않는다. 다만 아이섀도를 바르면서 (쌍꺼풀 액이나 접착제로 쌍꺼풀을 만들었다면) "사실 엄청 자연스러운 연출은 어려워요"라고 덧붙인다. 포니의 영상에서 특징적인 것은 얼굴에 어떤 형태로든지 부족한 점이 있을 수 있지만 그것을 문제로 지적하지는 않는다는 점이다. 즉, 얼굴 생김새와 피부색, 피붓결 등에서의 '문제'를 메이크업으로 커버해야 할 약점이라고 말하기는 하지만, '우리 여성들의 문제'로 공감하며 해법을 알려 주는 분위기를 조성한다.

포니가 상하이 출장 후기 화장법에 접착제로 쌍꺼풀을 만드는 내용을 포함한 것은 중국 여성들에게 관련한 수요가 많다는 점을 인지했기 때문일 수 있다. 영상은 십여 분에 불과하지만, 매 단계별로 상당히 복잡하고 세심한 터치가 필요해서, 화장하려면 본인의 얼굴 그리고 눈을 대하는 엄청난 집중력과 몰입도가 따른다. 무엇보다 이 영상은 중요한 날에는 또렷한 눈매를 연출하는 것이 좋고, 쌍꺼풀을 임시로 만들고 화장할 수는 있지만 자연스러운 연출은 어렵다는 메시지를 전달한다. 포니의 영상 또한 쌍꺼풀이 없는 눈은 변화가 필요하며, 화장으로 자기 연출을 하기 위해서는 '자연스러운' 쌍꺼풀 수술이 필요하다는 메시지도 함께 전달한다.

소녀들의 외모 가꾸기 놀이, 몰입과 집중, 미(美)적 시선의 학습

레이는 1995년생으로 심양 출신이다. 한국에서 유학 생활을 7년여 했고 수술은 중국으로 귀국한 직후인 2019년에 했다. 중국 동북 지역에서 유명한 성형외과로 수술 비용은 4000위안(약 70만 원)이 들었다. 중간 정도의 가격이라고 한다. 한화로 200만 원이 가장 비싼 가격이다. 2021년 인터뷰 당시에는 더우인(抖音)[6] 심양 지사에서 일본 애니메이션 굿즈를 판매하는 온라인 방송 호스트로 일하고 있었다.

중고등학교 때 또래 사이에서 예쁜 편에 속했고 옷차림이나 화장법에도 관심이 많았다. 중국의 중고등학교는 학생들의 외모 치장에 규제가 엄격한 것으로 알려져 있지만, 최근에는 그 규정이 조금은 느슨하게 적용되기도 한다. 레이는 '패션'이라고 불리는 부류였는데, 대단한 문제 학생은 아니었지만 학교 규칙에 순응하며 공부에 전념하는 학생은 아니었다. 교복을 입고 학교 정문을 통과한 후 교실에서는 사복으로 갈아입곤 했다. 교사들은 레이의 '패션'을 모르지는 않았지만 문제를 일으키지는 않았기 때문에 눈감아 주었다. 레이는 중학교 3학년 때부터 화장을 하기 시작했다. 최근 초등학생, 중학생까지 왕홍이 많아지면서 교사들은 화장하고 다니는 학생에게 별다르게 지적하지 않는다고 한다.

앞에서 소개한 것처럼 레이가 쌍꺼풀 수술, 아니 쌍꺼풀 만들기에 관심을 가지게 된 것은 중학교 때부터였고, 한국인 뷰티 유튜버 영상을 접한 것이 계기가 됐다. 레이는 쌍꺼풀 테이프로 쌍꺼풀을 만들기 시작했다.

쌍꺼풀 테이프는 중3 때 화장품 가게에서 처음 알았어요. 무엇인지 물어보니까 쌍꺼풀을 만드는 테이프라고 했어요. 저는 약간 부은 눈이어서 쌍꺼풀 테이프를 붙인다고 쌍꺼풀이 만들어지지는 않았어요. 쌍꺼풀 액도 이용해서 만들었어요. 친구들 중에서는 제가 제일 먼저 했고, 친구들에게 알려 주고 그랬어요.

일종의 뷰티 신문물을 공동구매하고 사용 방법을 익히는 것은 소녀들의 외모 가꾸기 놀이 형태를 띠며 친구들과의 친밀한 관계는 부가적 보상이다. 또래와 외모 불평과 칭찬, 자잘한 뷰티 팁을 공유하는 과정에서 쌍꺼풀이 있는 큰 눈이 아름답다는 미적 시각(beauty gaze)을 학습하게 된다. 거울을 보며 쌍꺼풀을 만들고 아이라인을 그리는 행위는 반복적이며 집중력이 필요해서 눈모양에 대한 예민한 시선이 길러질 수밖에 없기 때문이다.

눈을 바라보는 예민한 시선이 몰입과 집중을 통한 학습의 결과라는 점은 니니와 친구들의 사례가 말해 준다. 2016년 여름에 연구를 도와준 하얼빈 출신 유학생 니니는 외모에 별로 관심이 없고 성형수술에 대한 정보는 거의 접해본 적이 없었다고 했다. 니니가 마침 고등학교 동창생 모임이 있다고 해서 친구들에게

성형수술을 어떻게 생각하는지 물어봐 달라고 부탁했다. 모임에
다녀온 후 니니는 흥미로운 이야기를 들려주었다.

> 친구들이 모두 쌍꺼풀 수술을 했더라고요. 오히려 제가 이상할 정
> 도였어요. 진짜 이상한 게 친구들이 쌍꺼풀 수술을 하고 나서 우리
> 가 만났다는 거예요. 그런데 저는 몰랐던 거예요. 애들이 '너 몰랐
> 어?' 이러면서 웃었어요.

외모를 변화시키는 각종 화장품이나 도구, 수술 기술에 관심
을 가지면서 얼굴과 몸 부위들은 더욱 섬세하게 눈에 들어온다.
중국뿐만 아니라 전 세계적으로 유행하는 성형수술 붐으로 매일
매일의 외모 가꾸기를 통해 얼굴과 몸의 각 부위에 대해 보다 잘
알게 되는 일상이 존재한다. 성형수술에 대한 관심과 지식, 신체
를 연결하는 일종의 학습을 통해 성형수술 세계에 진입하고 머
물게 되는 것이다. 니니는 친구들과 달리 성형수술 시대 여성의
외모를 보는 새로운 미학적 렌즈를 착용하지 못한 셈이었다. 외
모를 가꾸는 것에 관심이 없었던 니니는 성형수술에 대한 지식
뿐만 아니라 성형수술 이후의 신체 변화에도 둔감할 수밖에 없
었다.

예민한 시선은 자기 자신에게로 향하는데, 바로 이 때문에 스

스로 위축되기도 한다. 레이는 수년 동안 쌍꺼풀을 만들고 화장을 하고 다녔다. 눈꺼풀에 염증이 생기는 때도 있었지만 화장을 해야만 밖에 나갈 수 있었다. 자신감을 주었던 쌍꺼풀 테이프가 레이를 위축하게 했기 때문이다.

쌍꺼풀 테이프를 붙이고 화장하는데 길거리에 다녀도 사람들은 그냥 쳐다보는데 나는 그 사람이 내가 테이프 붙인 게 티가 나서 쳐다보는 것 같아서 자꾸 신경이 쓰였어요.

레이는 마치 거울을 들고 얼굴을 보며 걷는 기분이 아니었을까 하는 생각이 들 정도다. 레이의 이야기를 들으면, 쌍꺼풀 수술을 한 여성들이 '이제 화장하지 않고도 밖에 나갈 수 있다'는 것을 수술의 장점으로 말하는 이유를 이해하게 된다. 상하이에서 대학에 다니는 로린 또한 나에게 비슷한 이야기를 해 주었다.

지금은 얼굴만 살짝 바르고 입술만 발랐어요. 제가 전에는 쌍꺼풀이 없었기 때문에 쌍꺼풀 스티커를 붙이거나 아이라인을 그리고 다녔는데 지금은 안 하잖아요. 쌍꺼풀 수술을 한 덕분에 일부분이 줄어든 거죠. 화장하면 피부도 상하게 하고 시간이 걸리니까 그런 걸 피하려고 쌍꺼풀 수술을 하는 친구들도 있어요. (화장을 안 하기 위해서요?) 아예 안 하기 위해서라기보다는 줄이기 위해서요. '생얼'과 차이를 줄일 수 있어서겠지요? 한 친구는 매번 화장하고 출근하다가 늦어서 화장을 못 하고 갔는데 동료들이 자기를 못 알아봤다고 하더라고요.

"'생얼'과의 차이를 줄일 수 있었다"라는 표현처럼 쌍꺼풀 수술은 의료기술을 이용한 인위적 몸 변형이지만 오히려 화장하지 않은 자연스러운 미를 구현하는 데 도움을 준다. 쌍꺼풀 테이프를 붙이고 짙게 화장한 얼굴이 더 부자연스럽다고 생각하기 때문이다.

니니의 친구들은 고등학교를 졸업하면서 혹은 대학교 1학년 때 쌍꺼풀 수술을 했다. 쌍꺼풀 수술을 수술이라고 생각하는 사람은 아무도 없었다. 절개 정도, 퇴원 여부, 비용, 수술 시간, 위험성, 고통, 사고 등 그럴 법한 이유가 줄을 이었다.

거의 안 아프고 변화가 바로 나타나요.
수술이 아니고 시술이라고 할까? 하는 사람이 너무 많아서 수술이 아니지요.
칼을 많이 대지도 않고 바로 퇴원할 수 있고 아주 간단하게 끝나잖아요.

비용도 적게 들어가고 1시간 만에 다할 수 있어요.

반 친구들이 거의 다 해요. 사고가 나는 경우도 거의 없어요.

쌍꺼풀 수술이 대단히 과감한 행위로 생각되지 않는 이유는 "반 친구들이 거의 다 했다"라는 표현에서 보이는 '평범함'이다. 같은 시각을 가진다는 것은 경쟁보다는 함께하는 즐거움을 생성한다. 쌍꺼풀이 없는 작은 눈은 숨겨야 할 결함이나 낙인이 아니라, 나 외에 많은 소녀가 공유하는 고충이며, 무엇보다 해결 방법이 있고 선택할 수도 있기 때문이다. 외모에 관한 평범하고 사소한 칭찬과 충고, 기법들을 공유하면서 세밀한 미 규범에 대한 학습과 즐거움, 친밀감의 생성이 동시에 이루어진다. 사회가 인정하는 여성 미의 기준에 부합하게 되었다는 점에서 즐거움을 느끼며, 사회적 외모 규범을 수긍하게 된다. 소녀들의 외모 가꾸기 놀이에서 핵심 교훈은 '여성의 외모는 향상되어야 한다'는 것이다.

일상적 차별의 산물들:
부모, 거래,
얼굴 대출

부모님이 성형 롤 모델

중국의 젊은 세대 여성들의 성형수술 스토리에는 부모님이 빈번하게 등장한다. 부모들은 자녀를 위해 정성을 기울이고 투자를 아끼지 않는 편인데, 딸에게는 외모도 투자의 대상이라고 생각한다. 딸들이 성형수술을 하기 위해 부모를 설득하는 것이 그리 어렵지 않은 이유이기도 하다. 대부분 쌍꺼풀 수술이나 코 성형과 같이 위험성이 적다고 알려진 대중적 수술은 허용했고 수술 비용을 지원했다. 딸과 함께 성형 정보를 검색하고 수술 방법이나 시기를 조언하는 경우도 있었고 딸의 외모 불안을 부추기는 경우도 적지 않았다.

1994년생 징천은 중국 동부 산시성(山西省) 출신으로 부모님 두 분은 모두 대학교 교수다. 한국어를 전공했고 한국에서 2년

반 정도 유학 생활을 했다. 2018년 인터뷰 당시 상하이에 있는 유명 한국 기업에 다니고 있었다. 대학교 1학년 때 산시성 시안(西安)에 있는 유명 성형외과에서 쌍꺼풀 수술을 했고, 2017년 한국에서 유학할 때 코 성형수술을 받았다. 쌍꺼풀 수술은 중국에서 1만 위안, 코 성형은 한국에서 380만 원이 들었는데, 모두 부모님께서 지원해 주셨다. 징천은 자신이 못생겼다고 생각했고 특히 부모님의 잘생긴 외모를 닮지 못한 점이 문제라고 생각했다. 징천의 부모님은 어려서부터 징천을 두고 자신들을 닮지 않아서 안타깝다는 말을 자주 하셨다.

(성형수술은 어떻게 하시게 된 건가요?)

제가 좀 못생겨서요. 부모님도 제가 수술받는 걸 되게 지지했어요. 제가 부모님 외모의 단점만 이어받고, 장점을 못 이어받아서 부모님은 저한테 미안한 마음이 있었던 것 같아요. 그래서 수술받는 것을 지지해요. 쌍꺼풀이든 코 성형이든.

(어떤 부분이요?)

엄마의 눈은 되게 예쁜데 제 원래 눈은 예쁘지도 않고 외꺼풀이었어요. 아빠의 코는 엄청 높은데 제가 아빠의 장점을 못 이어받았어요. 어렸을 때 부모님은 가끔 제 외모를 가지고 농담하더라고요. 뭐 '베이스가 안 좋다'거나 '외꺼풀, 눈이 작다' 이런… 부모가 자식한테 이런 말을 하는 게 저는 좋게 보이지는 않았어요.

징천은 성형수술 정보를 부모님과 함께 검색했다.

우리 부모님은 저의 단점을 지적했지만 다행히 제가 수술받는 것도 지지했어요. 대학교 때 부모님이랑 같이 코 성형, 쌍꺼풀 수술 정보를 검색해 봤거든요. 다른 부모들은 성형수술이 얼굴에 칼을 대는 거라고 위험하다고 그러는데 우리 부모님은 성형에 되게 관대해요. 양악 수술 이런 진짜 위험한 거 말고는 다 받아들여요.

징천은 연예인의 얼굴이나 유행하는 수술 스타일에 대해서는 별다른 관심이 없었다. 의사가 징천의 얼굴에 펜으로 선을 그으면서, 어느 정도 너비의 쌍꺼풀을 원하는지 물어봤을 때 자연스러운 모양이면 된다고 답변했다.

상담할 때 그때 저는 쌍꺼풀이 어떤 스타일이 있는지 잘 몰라서, 사실 전 아직도 어떤 스타일로 쌍꺼풀 수술을 했는지 몰라요. 어떤 스타일이 있는지 모르니까 의사가 펜으로 그려서 보여 주고 어떤 폭의 쌍꺼풀을 원하는지 물어봤어요. '자연스러운 쌍꺼풀'을 원한다고 했어요.

한국 유학 중에는 코 성형을 했다. 아빠처럼 높은 콧대를 가졌으면 좋겠다는 생각은 오랫동안 했지만 중국에서는 수술할 엄두를 내지 못했었다. 한국에 유학 온 것이 성형수술 결정에 영향을 미쳤다.

　　중국에서 대학교에 입학하고 성형에 관해 알아보긴 했어요. 그런데 그때는 중국의 성형수술 기술이 아직 지금처럼 발전되어 있지는 않았어요. 한국에서 유학할 때 한국의 기술이 좋으니까 한국에서 코 성형을 한 거예요.

　한국은 성형외과 광고도 많고, 실제 성형수술을 한 사람도 많이 만날 수 있는 곳이었다. 그렇지만 합리적 가격에 자신이 원하는 모양으로 성형수술을 할 수 있는 병원을 찾는 데는 상당한 노력과 수고가 필요했다. 중국인을 대상으로 하는 곳은 터무니없이 비싼 수술 비용을 요구하는 경우가 많았고, 특히 자신이 생각하는 자연스러운 모양과 한국 성형외과 의사들이 권유하는 코의 모양은 거리가 있었기 때문이다. 징천은 한국의 성형외과들에서 수술한 코의 모양은 콧대가 너무 높고 콧방울이 작아서 이상하고 부자연스럽다고 말했다.

유학할 때 한국에서 성형수술을 한 여자들을 많이 봤잖아요. 애네들 코가 진짜 이상해요. 콧방울이 너무 축소되고 코의 곡선도 너무 뚜렷해서 코가 되게 부자연스럽고 성형한 티가 많이 나요. 딱 봐도 '수술했구나' 알 수 있어요. 저는 상담할 때 자연스러운 모양으로 해 달라고 했어요. 그리고 저는 콧방울 축소 수술을 별로 하고 싶지 않은데 다른 데서 상담할 때 의사들이 다 콧방울 축소를 하라고 하는 거예요. 콧대가 높아지면 콧방울이 작아져야 코가 예뻐 보일 거라고. 한국 사람들이 그런 작은 코를 좋아하나 봐요. 그런데 코가 내 얼굴에 어울려야 되잖아요. 이 병원에서 상담할 때는 의사가 콧방울 축소 수술을 제안하지 않았어요. 의사한테 제 얼굴에 어울리는 코 모양을 해 달라고 했고, 너무 오버한 모양은 하지 말라고 했어요.

한국 성형외과 의사들은 한국인, 동양인의 얼굴과 조화를 이루는 자연스러운 변화를 강점으로 내세운다. 동시에 중국에서 오는 미용성형 '환자'에 대해서는 '그들은' 성형수술의 효과가 강하게 나타나는 것을 좋아하고 화려한 외모를 추구한다고 설명하곤 했었다. 그렇지만 징천을 비롯한 많은 중국인 여성은 자연스러운 변화를 가장 중요하게 생각하고 있어, 한국 미용성형 시장에 회자하는 상식은 중국 미용성형 '환자'에 대한 고정관념이라고 할 수 있다.

징천은 한국 미용성형 의사들이 권유하는 수술 기법이 부자연스러움을 만든다고 생각했다. 한국에서 코 성형을 한 사람들은 콧방울은 너무 작고 코의 곡선은 너무 뚜렷해서 이상하고 부자연스럽다는 것이다. 징천은 누가 봐도 성형수술로 만들어진 코라는 것을 알아챌 수 있는 모양이라고 했다. 그녀가 병원을 선택할 때 의사가 콧방울 축소를 기본으로 권유하는지 아닌지가 중요한 판단 기준이 됐다. ○○○ 성형외과를 선택한 이유는 의사가 콧방울 수술을 아예 제안하지 않았기 때문이다.

저는 제 코에 되게 만족해요, 너무 자연스러워서. 실을 뽑은 그날 친구를 만났거든요. 친구가 제가 코 수술을 한 것도 몰랐어요. 성형수술 티가 하나도 안 나서.

징천은 코 성형 결과에 만족도가 매우 높다. 가까운 친구도 수술 사실을 알아채지 못할 정도로 자연스럽기 때문이다. 거의 변화가 없는 모양으로 코 성형을 왜 한 건지 궁금해졌다.

제 코 모양이 그렇게 나쁘지는 않아요. 우리 아빠에 비해 낮아 보였던 것 같아요. 아빠는 콧대가 진짜 높고 예쁘거든요. 엄마는 코가 좀 낮고요. 어려서부터 계속 부모님에게 그런 얘기를 듣다 보니까 제 코가 그렇게 낮지 않은데도, 혹은 수술해도 큰 변화가 없을 것 같더라도 그런 얘기를 많이 듣다 보니까 수술해야겠다 이런 생각이 든 거예요.

어찌 보면 징천에게는 유명 연예인이나 유행하는 수술 스타일이 아니라, 부모님이 성형수술 롤 모델이다. 현재 자신의 외모보다는 나은, 그러나 크게 변화는 없는 자연스러운 수정 행위에 관심이 여전히 많다. 어렸을 때부터 자신의 외모를 지적했던 부모님의 영향이 있고, 징천 자신이 알게 된 미용성형 수술·시술들의 효과 때문이다. 징천의 부모는 자신들의 외모를 미용성형수술을 통해서 물려준 셈이었다.

엄마가 준 상처, 대학입시와 수술 비용의 거래

1989년생 앤시아오는 후난성(湖南) 창사(長沙) 출신으로 좋은 대학을 나왔고 현재는 베이징에서 유명 IT 기업에 다닌다. 남부럽지 않은 스펙을 가졌지만 그녀를 괴롭히는 것은 '뚱뚱한 몸'이다. 지방흡입수술에 관심이 있는 터라 수술 경험자를 소개받고 싶어 해서 인터뷰에 응했다. 몸매에 대한 고민의 근저에는 엄마가 있다. 어린 시절 엄마가 옷 가게 점원에게 했던 말은 지금까지도 아픈 기억으로 남아 있다.

(자신감이 없었다는 게 주변 사람 때문인가요?)

가족 때문이에요. 어렸을 때 우리 엄마가 저를 데리고 옷을 사러 갈 때마다 직원한테 '애한테 맞는 옷이 있냐'고 물어보더라고요. 그래서 저는 지금까지도 가게에서 옷을 사는 게 싫어요. 대학교 때 타오바오를 알게 된 후에는 거의 모든 걸 타오바오에서 사요. 오프라인 가게에 비해 많이 싸지 않아도 타오바오에서 사요.

엄마는 시아오가 뚱뚱한 것이 마음에 들지 않았고 시아오 때문에 체면이 깎이기라도 하는 것처럼 옷 가게에서 거리를 두었다. "애한테 맞는 옷이 있냐?"라는 말은 많은 옷 중에 시아오처럼 뚱뚱한 아이가 입을 만한 사이즈가 있느냐는 질문이다. 엄마는 점원에게 이미 '우리 딸이 지나치게 뚱뚱해요'라고 말한 거나 다름없었다. 앤시아오에게 옷 가게는 옷을 사러 가는 곳이 아니고 살을 빼야 한다는 강박을 상기시키고 부끄러움을 안겨 주는 장소가 됐다. 성인이 되어서도 타오바오와 같은 인터넷 쇼핑몰에서만 옷을 구입한다. 비만으로 위축된 자신을 위해 성형수술을 해야겠다고 생각한 계기는 "엄마 이외에… 딱히 없다"라고 했다.

대학교 다니기 전에 이미 수술하고 싶다는 생각이 들었어요. 전 외꺼풀이었고 어렸을 때 70킬로그램의 '뚱땡이'여서 자신감이 많이 없었어요. 대학교 1학년 때 친구가 쌍꺼풀 수술을 한 걸 보고 저도 병원에서 상담받았어요. 원래 쌍꺼풀 수술만 하려고 했는데, 그때 의사 선생님이 쌍꺼풀만 하면 얼굴 밸런스가 깨질 것 같다며 코 성형을 추천했어요. 그래서 두 군데를 같이 했어요.

(부모님은 반대하지 않으셨나요?)

반대하셨는데. 고등학교 때 제가 좋은 대학교에 들어가면 제 소원을 들어 주겠다고 부모님이 약속했었거든요. 나중에 좋은 대학교에 붙었으니까 제가 성형수술을 하고 싶다고 한 거예요. 이렇게 수술 비용을 받았어요.

앤시아오는 엄마가 자신의 외모를 지적만 할 뿐 진지하게 염려하고 있다고 느끼지 못했다. 성형수술을 한다고 할 때 전혀 지지해 주지 않았고, 대학 합격을 조건으로 내세웠기 때문이다. 앤시아오는 부모님이 원하는 좋은 대학교에 합격한 보상으로 성형수술을 허락받았고, 수술 비용을 지원받았다. 수술 비용은 7000위안(한화 126만 원) 정도가 들었다. 앤시아오의 대학 합격과 부모님의 수술 비용 간 거래가 성립된 셈이다. 앤 시아오에게 눈과 코를 성형한 후 자신감이 높아졌느냐고 물었다.

(쌍꺼풀 수술과 코 성형을 한 후 자신감이 높아졌나요?)

조금은 높아졌어요. 그런데 어렸을 때부터 '뚱땡이'이다 보니까 일을 대하는 방식이 변하지는 않았어요. 제 얼굴이 네모나게 생겨서 수술받았지만, 미녀가 된 것은 아니에요. 윤곽 수술을 할까 했는데 한 번 보톡스를 맞아 보니까 더 못생겨져서 안 해야겠다 한 거죠.

(어머니 이외에, 성형수술을 해야겠다 맘을 먹게 한 계기가 있어요?)

딱히 없어요. 전 성형수술에 대한 욕구가 그렇게 크지 않아요. 보톡스는 그냥 비싸지도 않고 부작용도 없는 것 같아서 해 본 거였어요. 제가 수술해야 하는 게 윤곽수술인데 부작용이 많아서 안 한 거죠.

중국의 수도에서 괜찮은 직장에 다니는 30대 여성이지만, 그녀에게 자신감은 외모와 강하게 결부되어 있었다. 그동안 엄두가 안 났던 지방흡입수술을 알아보는 이유는 다이어트로 살을 뺐지만 허리와 허벅지 부분은 살이 빠지지 않아 몸매가 불균형해졌기 때문이라고 설명했다. 얼굴형에 대한 고민도 이어져서 안면윤곽수술을 '내가 해야 하는 수술'이라고 표현했다. 자신감을 갖기 위해 해결해야 할 외모 결점들이 더해지고, 수술 방법과 부작용, 위험성을 알아보고 저울질하는 회로에 머물러 있다는 생각이 들었다.

과거에는 쌍꺼풀 수술 정도가 간단하고 흔한 수술이었다면 '평범한' 수술의 범주는 점차 넓어지고 있다. 얼굴의 균형과 조화를 이유로 코 성형을 권유하는 의사들과 성형수술을 먼저 경험한 친구들의 조언은 성형수술 선택을 보다 용이하게 한다. 간단하고 흔한 수술의 범주가 넓어지는 가운데 성형수술을 원하는 딸들은 부모를 설득하는 데 생각보다 많은 에너지를 소비하지 않는다. 부모들은 이미 딸의 외모가 중요하다고 생각하며 딸보다 앞서서 외모를 지적하고 평가하는 경우가 많기 때문이다. 앤시아오의 엄마는 딸의 외모를 지적하고 고민을 증폭시킨 장본인이다. 엄마는 앤시아오의 요구를 마지못해 수락하면서, 대학 입학 성적을 조건으로 수술비 지원을 약속했다. 부모와 딸들은 중국 사회에서 여성이 어떻게 '보여지는지'가 중요하다는 점에 공감하고 있기 때문에 부모와 자녀 사이의 교환 관계는 어렵지 않게 성사된다.

모욕감에서 벗어나기 위한 비용, 저금과 신용대출

린린(1992년생)은 랴오닝성 안산시 출신이다. 그녀는 대학에서 한국어를 전공했는데 원래 지원했던 학과의 합격선에 못 미치게 성적이 나와서 한국어학과로 조정됐다고 했다. 한국에서는 국제 통상학 대학원에 다녔다. 한국어 전공을 꼭 원했던 것은 아니지만 나름 잘 적응했다고 생각한다. 중국과 한국의 관계가 좋지 않아 한국 유학생의 취업이 잘 안되는 점은 우려스럽다고 했다. 린린은 현재 한국 여행 관련 업체에서 여행 사이트 제작하는 일을 한다.

린린에게 살은 고등학교 시절부터 직장인이 된 지금까지 줄곧 자신에게 실망감을 안겨 주는 일종의 문제였다. 사춘기에 들어서면서부터 체중이 불어났고 고3 때 가장 많이 살이 쪘다. 부모님도 살이 찐 편이라 아무래도 자신은 유전성 비만인 것 같았다. 살이 찌기 쉬운 체질이라서 조금만 먹어도 살이 쪘다. 주변에서 뭐라 하는 사람들도 있었지만 고등학교 때는 신경 쓰지 않으려고 노력했다.

대입 시험 때문에 몸매에 신경을 많이 안 쓰게 됐지만 마음에 걸렸던 거예요. 그리고 남들이 뭐라고 하더라고요. 그런 상황에서 딴 데에 신경을 안 쓰도록 공부를 열심히 할 수밖에 없었어요. 그때 든 생각은 대학교에 들어가기 전에 살 빼고 진짜 예쁘게 대학교에 다녀야겠다는 거였어요.

시험만 끝나면 '열심히 놀아야지'가 아니라 '살을 빼야지'라고 결심하는 것은 한국의 소녀들에게도 익숙하게 듣던 얘기다. 수험생이기 때문에 식단을 조절하는 것도 부적절하고 본격적으로 살을 빼기 위해서는 별도의 시간과 노력, 정성이 필요하기 때문이다. 린린은 대학 개강을 앞두고 열심히 노력해서 살을 뺐지만 개강하고 다시 살이 쪘다. 살을 빼면 다시 찌는 패턴을 계속 반복한다고 했다.

린린은 2015년에 한국에 왔고, 인터뷰를 했던 2018년 한국에서 지방흡입수술을 받았다. 수술 결심에 이르기까지 린린은 10여 년 동안 운동과 다이어트, 온갖 살 빼는 방법들을 섭렵했다. 대학원을 졸업한 후 취업을 준비하면서 살을 뺐는데 이후 다시 살이 쪄서 수술을 고민하게 됐다. 취업으로 소득이 어느 정도 생겼고, 회사 일이 바빠서 운동할 시간을 내기 어려운 상황이 수술 결정으로 이어졌다. 운동해서 살을 빼고 얻었던 자신감은 살이 찌면서 다시 사라졌다. 수술은 고통스럽지만 "그래도 한 방에 끝낼 수 있"기 때문에 해볼 만한 선택이라고 생각되었다.

린린은 2018년 4월 한국의 비만 전문병원에서 900만 원을 들여 지방흡입수술을 받았다. 수술 정보를 얻기 위해 한국의 성형 관련 앱 '강남언니'와 재한 중국인 커뮤니티인 '편한(骗韩)'을 찾아봤고 병원 상담도 많이 다녔다. 의사와 상담하면서 무리하게 지방을 빼 달라고 요구하지는 않았다. 수차례 다이어트를 해 봐서 자신의 몸 상태를 잘 알고 있었기 때문이었다. "건강하고 튼튼하고 활기 있어 보이는" 정도의 몸을 원한다고 말했다.

지방흡입수술은 신체 특정 부위의 살을 집중적으로 빼는 운동이 있는 것처럼 지방을 흡입할 신체 부위를 정한다. 지방량에 따라 수술비가 결정되기 때문에 수술비를 염두에 두면서 살을 빼고 싶은 부위와 정도를 결정하게 된다.

수술 비용이 각 부위의 지방량에 따라 책정되는 거라 제가 돈이 엄청 많은 거도 아니라서 처음에는 가장 심한 팔이랑 허벅지를 하려고 했어요. 상담할 때 의사는 허벅지만 하면 종아리가 이상해 보일 거라고 종아리도 같이 수술하고 나중에 보톡스를 맞아서 종아리의 근육을 수축하는 걸 제안했어요. 그래서 팔, 허벅지, 종아리 세 부위를 했어요.

본인이 준비한 수술비 수준에 맞춰서 린린은 팔과 허벅지 부위를 수술하려고 했고 전문가 의사는 균형 있는 몸매를 언급하며("종아리가 이상해 보일 수 있다") 종아리 지방흡입도 권유했다. 린린은 수술하기 5개월 전부터 700만 원을 모았고 의사의 조언에 따라 부족한 비용 200만 원은 신용카드 4개월 할부로 결제했다.

수술비를 마련하고 빚까지 갚는 데 9개월이 걸렸다. 한 달에 100만 원꼴로 돈을 마련한 셈이다. 인터뷰 당시에는 "이제 거의 갚아 간다"라고 말했다.

키는 162센티미터고 가장 뚱뚱할 때는 73킬로그램. 작년 겨울이었어요. 2년 전 운동하기 전에도 73킬로그램이었던 것 같아요. 그때 운동으로 56킬로그램까지 뺐어요. 수술하고 나서 회복 기간에 운동이랑 다이어트도 좀 하고 다이어트 약도 계속 먹고 있으니까 지금은 59킬로그램이에요. 의사는 그 약을 3개월 정도 먹어야 한다고, 55킬로그램이 되면 약을 안 먹어도 된대요… 지금 팔, 다리 다 날씬해졌는데 배에 아직 살이 좀 남아 있어요. 다이어트로 뺄지 아니면 수술할지 고민하고 있어요.

수술이 끝난 지금 린린의 몸무게는 59킬로그램이다. 의사의 처방대로 55킬로그램이 될 때까지 3개월여 동안 다이어트 약을 복용해야 한다. 팔과 허벅지, 종아리가 날씬해진 지금, 이제는 복부의 살을 어떤 방법으로 빼야 하는지 고민한다.

린린은 부모님께 수술했다는 사실을 말하지는 않았다.

어제 엄마랑 영상통화 할 때 엄마가 왜 살이 빠졌냐고 했어요. 전 그냥 "조금만 먹고 운동을 많이 해서 그래요"라고 말했어요. 우리 엄마가 알면 기절할 걸요. 수술 다했는데 부모님이 알게 되더라도 어쩔 수 없는 거죠.

(그럼 얘기 안 하려는 건가요?)

상황 봐서인 것 같아요. 안 할 수도 있고 할 수도 있어요.

린린이 선택 단계에서 말했던 "한 방"은 좀처럼 끝나지 않을 것처럼 보인다. 그녀는 지금 다이어트와 지방흡입수술 가운데 어떤 방법으로 살을 빼야 하는지 애초의 선택 단계로 되돌아갔다. 뚱뚱한 몸은 자신의 의지를 늘 배반한 것이 맞지만, 살을 빼야 한다고 생각하고 가능한 방법들의 회로에 머무는 이유는 성형수술 기술의 가능성 때문만은 아니다. 20대 초반 그녀가 겪었던 상처의 경험이 크다.

10대였던 린린은 고등학교 때 공부에 전념했고 졸업하자마자 살을 빼려고 최선을 다했다. "진짜 예쁘게 대학교를 다녀야겠다"라는 생각이 강렬했기 때문이다. 새로운 학교, 새로운 사람을 만나고 대학 캠퍼스에서 좋아하는 남자와 연애하는 상상도 했다. "저는 살을 빼도 다시 쪄요. 대학 개강 전에도 뺐는데 다시 찌고 그랬어요" 그녀가 반복해서 말하듯 그녀의 의지를 늘 배신하는 뚱뚱한 몸은 결국 그녀의 연애도 중단되게 만들었다.

(대학 때 남자 친구는) 제가 뚱뚱한 걸 싫어했어요. 만나는 동안 가끔 직간접적으로 살 좀 빼면 안 되냐고 이런 이야기를 한 거예요. 처음 만났을 때는 이런 얘기가 없었는데 나중에 '너 살 좀 뺐으면 좋겠다'고 자주 했어요. 자꾸 그러니까 기분이 상했죠. 헤어진 후에 만나서 얘기해 보니까 걔는 제 몸매가 저랑 헤어진 주요 원인이래요. 이 말 듣고 엄청 속상했어요… 그때 이후 지금까지 남자 친구를 한 명도 안 만나는 게 이유가 여러 가지 있지만 이 일이 그중 한 가지일 수도 있어요.

대학 시절 사귀던 남자 친구는 린린의 뚱뚱한 몸이 그녀와 헤어진 이유라고 노골적으로 말했다. 린린은 대학교 이후 지금까지 남자 친구를 한 명도 만나지 않았다고 했다. 이 부분에서 나는 앞서 앤시아오가 엄마가 옷 가게에서 했던 말을 기억하며 지금까지도 오프라인 옷 가게에는 가지 않는다는 것을 떠올렸다. 앤시아오에게는 엄마의 무심한 말이, 그리고 린린에게는 대학 시절 남자 친구의 무례한 말이 시간을 지나 현재까지도 상처로 남아 있다. 린린이 연애를 두려워하는 이유는 그녀의 살찐 몸이 아니라 살찐 몸을 비하하는 시선과 거리낌 없이 행해지는 차별적 발언들이다.

고급 얼굴과
저급 얼굴

투치(土气)와 양치(洋气)

1998년생 티안신은 웨이보와 샤오홍수(小红书)[7]에 화장품 사용 후기를 올리는 뷰티 블로거다.[8] 광둥성(广东省) 출신으로 2016년에 한국에 유학을 왔다. 뷰티 블로거는 아르바이트로 하고 있고 중국에 들어갈 때는 대리구매도 한다. 부모님이 광저우에서 무역업을 하며 학비와 생활비를 지원해 주시는데, 1년에 10만 위안[9]이고 동생이 둘이나 있기 때문에 부모님의 부담을 덜어 드리고 싶어서다. 중국은 계획생육정책으로 자녀를 한 명만 낳을 수 있었는데, 티안신의 아버지는 아들을 원해서 벌금을 물고 동생 둘을 낳았다. 부모님은 그녀가 무역회사에서 일하기를 바라기도 했지만, "여자애가 그런 일을 하면 힘들 것 같아서" 한국으로 유학을 보냈다. 교수가 되었으면 한다고 생각하신다.

티안신은 웨이보 팔로워 수가 17만 명이고, 제품 사용 후기 한 건당 7~9만 원(한화)을 받는 파워 블로거다. 기업들은 인터넷을 통한 입소문을 주요 마케팅 전략으로 활용하는데 뷰티 블로거는 기업의 제품 홍보 대행자다. 중국의 인터넷에 제품을 홍보하고자 하는 많은 기업이 일반인 홍보 대행자를 모집하기 때문에 티안신은 중국뿐만 아니라 한국, 일본, 미국 등 다양한 국가의 제품을 홍보한다.[10] 티안신은 팔로워 수가 계속 늘고 있다는 사실을 자랑스러워했고 블로그를 보여 주고 싶어 했다. 진하지 않은 화장, 선글라스, 시계, 패셔너블한 의상, 고급 식당과 한국의 맛집 등 블로그에서 티안신은 젊고 소비 능력이 있으며 세련된 도시 여성으로 자신을 재현한다.

티안신은 2018년 3월경에 한국에서 쌍꺼풀 수술을 했다.

(성형수술을 한 이유는 무엇인가요?)

제 원래 눈이 외꺼풀에다가 짝눈이라서요. 원래 눈꼬리가 위로 들려서 눈이 사납게 보여서 수술했어요. 예전부터 하고 싶었어요. 한국에 온 후에 더 하고 싶어졌어요. 지난 겨울방학 때 중국에서 하려 했는데 어쩌다가 한국에서 하게 됐어요.

수술 비용이 700만 원이라고 해서 너무 비싸다고 했더니 〈렛

미인〉 프로그램에 나오는 유명 성형외과라고 했다. 티안신은 자신이 원했던 대로 자연스럽게 수술 결과가 나와 만족한다. 한국의 성형외과 의사는 티안신에게 쌍꺼풀 수술만 해서는 예뻐지지 않는다면서 코와 이마를 함께 수술하라고 권유했다. 부모님은 "코는 재물 운"이라고 강력하게 반대하셨다. 수술 비용을 지원받을 수 없는 것도 문제이긴 했지만, 티안신 역시 용기도 없고 코와 이마는 수술할 정도는 아닌 것 같아서 하지 않았다. 티안신이 코 성형을 하지 않아도 된다고 생각한 이유는 나를 당황하게 했다.

제 콧대가 높은 편은 아니지만, 나름 나쁘지는 않아요. 제가 광둥 사람이지만 전형적 광둥 사람의 생김새가 아니라서 참 다행이에요. 코가 이만하고, 입이 이만하고, 제대로 진화하지 않은 고릴라 같아요. 사람들이 다 광둥에는 미녀가 없다고 하는데 괜히 하는 말이 아니에요. 다른 지역의 사람이랑 결혼을 안 한 가족의 후대는 진짜 다 고릴라같이 생겼어요.

전형적 광둥인의 외모를 노골적으로 차별하며 흑인 외모를 비하하는 인종주의자 같은 표현을 사용했기 때문이다. 뜬금없이 나타난 원시인 비유는 흑인의 낮은 코를 불변의 인종적 특질로 상상하고 미개함, 우둔함을 표식으로 해석했던 서구 중심의 인종 미학을 떠올리게 했다.[11] 티안신은 개인적 생각이 아니라면서 SNS에서 광둥 친구들의 사진을 보여 줬다. 샤오단도 "중국에는 '양광무미녀(兩广无美女)'(광둥에는 미녀가 없다)라는 말이 있고 많은 사람이 그렇게 얘기한다"라고 말했다. 인터넷에 광둥 사람은 "콧대가 낮고 콧방울이 크고 입술이 도톰하고 앞으로 튀어나온 모양"이어서 못생겼다는 말이 빈번하게 나온다고도 덧붙였다. 심지어 샤오단이 인터넷에서 검색한 것이라고 보내온 이미지는 아예 전형적 광둥인 여성과 남성을 원시인 동상과 함께 배치해 비교하는 사진이었다. 티안신은 괜찮은 외모를 가지려면 중국의 다른 지역 사람들과 통혼(通婚)했던 역사가 있어야 한다고도 했다. 중국은 근대 시기에 한족의 문화적·신체적 우월성을 주장하며 다양한 민족을 통합하여 하나의 중국을 만들고자 했던 역사가 있고, 이 과정에서 한족과 소수민족 간 통혼이 장려되었다.[12] 티안신이 이러한 역사를 말하지는 않았지만, 중국 내 다양한 사람들 간의 통혼이 외모에 '바람직한' 결과를 가져왔다고 생각하는 것 같았다.

연구를 진행하면서 나는 티안신이 했던 말과 이미지들이 그저 툭 튀어나온 것은 아님을 알게 됐다. 세련된 외모로 꾸미는 방법을 소개하는 인터넷 기사들에 광둥 사람과 베이징 원인(原

人) 이미지가 등장하기 때문이다. "어떻게 꾸며야 촌스럽지(土气) 않고 세련되게(洋气) 기질(气质)을 표현할까?"라는 제목의 글은 이들 이미지가 등장하는 다양한 출처 중 하나다.[13] 투치(土气) 의 토(土)는 흙, 땅을 뜻하며 여기에 기운, 공기, 냄새를 뜻하는 치(气)를 붙여 '촌스럽다', '시골티가 나다', '유행에 뒤지다'라는 뜻이 된다. 반대로 양(洋)은 '성대하다', '큰 바다', '외국'이란 뜻으로 '양치(洋气)'는 '서양식', '서양풍', '세련됐다'는 의미다. 함께 등장하는 단어 치즈(기질, 气质)는 인터뷰이들에게 가장 많이 들었던 단어로 자기만의 독특한 분위기 혹은 개성을 뜻한다. 이 글은 아무리 값비싼 명품을 입어도 얼굴이 촌스럽다면 소용없다고 강조한다.

우리는 종종 어떤 사람은 세련되게 옷을 입고 어떤 사람은 촌스럽게 옷을 입는다는 걸 알고 있다. 촌스럽게 보이는 사람들은 옷을 입는 방법을 모르기 때문이라고도 하지만, 전문가들이 관리하는 스타들도 촌스러운 기질이 사라지지 않는 경우가 있다. (…) 에르메스, 구찌 같은 명품을 입어도 촌스러운 기운이 느껴진다면 그것은 얼굴 때문이다.

세련되게 보이고 싶다면, 세련된 얼굴을 가져야 한다는 것이 핵심 메시지다. 글쓴이가 설명하는 양치한 얼굴은 단지 예쁘거나 혹은 어리고 순수해 보이는 얼굴이 아니며, 현대적이며 도시적이고 국제적 기질이 뿜어져 나오는 얼굴이다. 이목구비의 모양 자체보다 얼굴의 윤곽, 골격 형태 묘사에 집중하며, 이 설명들을 압축적으로 표현하는 것이 입체적 얼굴(3차원 얼굴)이다. 얼굴 묘사는 세 가지 대조법을 통해 설명된다. 가장 먼저 제시되는 기준이 바로 원시인과 현대인 대조법이다.

원시인이 우리와 다른 점은 이마가 좁고, 머리카락이 지저분하며 코가 넓다. 특히 입이 돌출되어 있다. 이러한 특징을 가진 얼굴은 그 사람의 기질(气质)을 끌어내린다.

현대적 외모가 아닌 예시로 원시인의 납작한 코와 돌출된 입을 제시한다. 티안신과의 인터뷰에서 등장했던 원시인 이미지다. 좀 더 생각해 보면, 입체적 얼굴과 반대되는 예시로 원시인 얼굴을 사용하는 것은 인종주의 논란을 피해 가는 비유법 같다. 흑인이나 동남아시아인의 얼굴을 직접적으로 지칭하며 현대인에 못 미치는 외모라고 설명했다면, 정치적으로 올바르지 않은 인종차별적 시선이라는 비판을 피할 수 없었을 것이니 말이다. 이후 논의는 도시와 농촌, 중국인과 서양인 대조법으로 나아간다.

도시에 사는 사람들은 농촌 사람에 비해 피부가 더 부드럽고 하얗고 반짝인다. (사진: 신장 위구르족 출신 연예인 퉁리야) 포토샵에서 미백 버튼만 눌러봐도 단번에 기질이 두 레벨은 상승한다.

하얀 피부는 중국 도시인들의 표식으로 제시된다. 이러한 단정은 실제 도시인의 피부가 하얗고 부드러우며 반짝이는지와는 무관하다. 오히려 도시와 농촌의 문화적 위계가 존재한다는 점을 예증한다. 하얀 피부가 농촌 출신과 도시 여성을 구분하는 표식으로 등장하는 것에는 농촌에 사는 가난한 여성을 타자화했던 중국 근대사가 자리한다.[14] 과거 중국에서 하얀 피부는 혈통과 계급을 나타내는 표식이었다. 그러나 중국의 개혁과 소비가 메트로폴리탄 도시를 중심으로 이루어지면서 도시와 농촌의 격차가 커졌다. 하얀 피부에 도시 거주 여부가 부가됐고, 검거나 붉은 피부는 농촌의 가난한 계층을 상징하는 것으로 이분화됐다.

한편, 중국인과 서양인의 대조법을 통해 양치한 얼굴을 설명하는 부분에서 글쓴이는 중국과 서양의 일방적 위계 구도는 부인한다. 서구와 대면을 본격화했던 개혁개방 시기, 중국인들은 서양에서 온 것은 무엇이든 환영하고 소비에 열을 올리는 사람들로 재현됐다.[15] 글쓴이는 "지금"은 다르다고 설명한다. "과거에 서양인들은 자신들이 양치하다고 생각했을지 모르지만, 지금의 기준으로는 그렇지 않기" 때문에 이 글에서 참조하는 것은 그냥 서양인이 아니라 "유럽과 미국의 전형적 미녀"다. 중국인을 서구적 미를 무작정 동경하는 자가 아니라, "우리"의 기준에서 선택하고 참조하는 자로 규정하는 부분은 글로벌라이제이션과 만나는 중국의 문화적 내셔널리즘을 엿볼 수 있게 한다.

안젤라베이비와 같은 '혼혈 얼굴' 스타들은 눈썹 뼈가 두드러져 눈매가 깊어 보여 서양식 아름다움을 풍기는 반면, 류이페이는 눈썹 뼈가 평평한 중국식 아름다움을 가졌다. 눈썹 뼈를 도드라지게 바꾸는 일은 어려우므로 쌍꺼풀 수술로 눈썹 뼈와 눈 사이의 거리를 좁히거나 판빙빙처럼 눈 화장으로 보완할 수도 있다. (…)

(사진: 자오리잉과 판빙빙) 좁고 평평한 이마가 넓고 동그란 이마로 변화됐다. 이차적 발달인지도 모른다. 하지만 이마에 지방을 채우는 것도 비슷한 효과를 볼 수 있다.

스칼렛 요한슨처럼 광대뼈는 앞으로 튀어나와야 '국제적 기질'을 풍기는데 중국인은 옆으로 돌출되어 있어 촌스럽다. 홍콩 배우 수치가 세련되어 보이는 이유는 웃을 때 광대뼈가 앞쪽으로 튀어나오기 때문이다. 사각턱보다는 갸름한 턱선이 세련되어 보인다. 유럽인이나 미국인도 사각턱이지만 이들은 얼굴이 가늘고 길며 입체적이다. 중국인은 얼굴이 짧고 넓기 때문에 턱선은 갸름해야 한다. 턱은 핵심적 요인이다. 턱이 짧으면 어리고 순수해 보이지만 세련되어 보이지는 않는다.

중국인과 서양인 대조법에서 제시하는 양치한 외모 사례에는 서구의 유명 연예인뿐 아니라 중국의 혼혈 연예인이 제시되며, 서양인과 달리 중국인에게 어울리는 기준들도 조합하여 설명된다. 도드라진 눈썹 뼈와 깊은 눈매를 가진 서양 미녀의 눈을 소개할 때는 혼혈 얼굴로 지칭되는 안젤라베이비를 예시로 든다. 그녀의 할아버지는 독일인이라고 알려져 있는데, 그가 다른 인종이었다면 그녀는 아름다운 혼혈 얼굴로 언급되지 못할 것이다. 미용성형 세계에서 우월시되는 혼혈 얼굴은 '서구 백인과의 혼혈'이라는 뜻이다. 이와 더불어 중국인의 얼굴 특징을 고려한다면 서양인의 사각턱보다는 갸름한 턱선이 어울리고, 턱이 짧으면 어리고 순수해 보일 뿐 세련되어 보이지 않다는 점 또한 덧붙인다.

투치와 양치 이분법은 중국 사회에서 익숙하게 인지하고 있는 문화적 위계를 근간으로 하기 때문에 투치에서 양치로의 변화가 발전이고 향상이라는 의미로 이해되기 쉽게 만든다. 돌출입/돌출되지 않은 입, 구식 눈화장/유행하는 눈화장, 좁고 평평한 이마/넓고 동그란 이마, 평평한 눈썹 뼈와 안와(눈매)/도드라진 눈썹 뼈와 깊은 안와(눈매), 외꺼풀/쌍꺼풀, 크고 낮은 코/작고 높은 코, 작고 얇은 입술/크고 도톰한 입술, 옆으로 튀어나온 광대뼈/앞으로 튀어나온 광대뼈, 사각턱/갸름한 턱, 짧은 턱/짧지 않은 턱, 지방이 많은 얼굴(흐릿한 얼굴선)/지방이 적은 얼굴(또렷한 얼굴선), 큰 얼굴/작은 얼굴 등. 전자는 수술로 극복해야 할 비포이고 후자는 지향해야 할 애프터다.

이 글이 세련된 외모를 설명하며 원시인을 등장시킨 언설의 원본인지는 알 수 없다. 다만 90년대생 티안신과 샤오단이 외모에 관한 이야기를 하면서 원시인 이미지를 차용했듯이 저자 미상의 이 글에 사용된 단어와 이미지들은 인터넷에서 검색되고 떠돌고 있다. 무엇이 투치이고 양치인지 분별하고 해석하는 '놀이'는 인터넷에서 인기 있는 소재 중 하나다. 투치와 양치 이분법은 촌스럽거나 못생겼다는 이유로 '촌스러운 그들'과 '세련된 나' 사이를 구별 짓는다. 도시에 사는 20대 중국 여성 티안신이 어울리고 싶은 사람은 세련된 취향을 공유하고 소비 능력을 과시할 수 있는 외모를 가진 사람이다.

저는 외모가 되게 중요하다고 봐요. 사실 저는 못생긴 사람이랑 만나고 싶지 않아요. 못생긴 사람이면 진짜 쳐다보지도 못해요. 그리고 촌스러운 사람도. 못생기고 촌스러운 사람이면 저랑 가치관이 아예 다른 사람이죠. 예를 들면 같이 쇼핑하러 가자는데 얘는 비싸다고 안 가고. 사실 친구는 비슷한 점이 많아서 친해지는 거 아닌가요? 저는 한 사람의 외모만 봐도 나랑 맞는지 안 맞는지 알아요. 남자 친구 사귈 때 더 그래요.

투치와 양치 이분법은 나와 어울리는 사람을 포함하고 배제하는 이해에 활용된다. 옷이나 장신구가 어떤 사람을 특정 그룹에 포함하거나 배제하는 기능을 했다면, 얼굴도 그러한 기능을 하는 것이다. 마오시대 회색 톤의 마오슈트는 중국 인민으로 포함되는 매개물이었고 개혁개방정책 이후 외국 브랜드의 태그가 달린 선글라스와 고급 코트는 부자와 가난한 사람을 구분하는 상징이었다. 투치와 양치 담론은 신체적 외양을 통하여 누가 세련된 도시 사람에 속하는지 구분하는 담론을 출발시켰다.

투치와 양치 이분법에서 촌스러운 사람은 현재 발전된 중국에는 어울리지 않는 존재로 흑백 처리된다. 현대적이고 도시적이며 서양풍의 외모로 설명되는 중국인의 세련된 얼굴은 백인 중심의 초국적 미 기준의 영향에서 벗어나 있지는 않으나, 서양인에 대한 일방적 동경이나 모방은 거부하는 중국의 문화적 내셔널리즘도 엿보인다. 또한 이런 중국인의 세련된 얼굴은 중국 사회에 내재한 차별의 이데올로기를 기반으로 구성된다. 미 스펙트럼 바깥에 있는 얼굴들, 어두운 피부, 낮고 넓은 코, 튀어나온 입은 그저 '투치하다'고 언급되지만, 그 이면에는 인종주의에 기반한 혐오 정서나 농촌의 가난한 계층을 타자화하는 데 무감함 등 차별적 정서가 스며 있다.

고급 얼굴과 저급 얼굴

최근에는 '고급 얼굴(高级脸)'이라는 말이 유행한다. 대중 심미에 부합하지 않고 자기만의 특색이 있어 예뻐 보이는 얼굴을 가리킨다. 이와 대조되는 '저급 얼굴(低级脸)'은 '왕훙 얼굴'이다. 기술로 쉽게 복제할 수 있고, 자기만의 특색이 없이 대중의 심미관에 맞춘 얼굴이라는 의미에서 비난받는다. 티안신은 고급 얼굴의 예로 두쥐안(杜鹃), 류원(刘雯)을 이야기한다. 외꺼풀이고 사각턱이지만 이 때문에 도도하고 대범해 보이며 매력적이라는 것이다. 징천이 좋아하는 니니(倪妮)와 수치(舒淇)는 양쪽 눈 간격이 크고 입도 크지만 시원시원해 보인다고 한다. 고급 얼굴의 미인이 인기를 끄는 이유는 중국 사회의 젊은 세대 여성들이 원하는 '개인성', 이들이 말하는 나만의 특색과 관련한 정서가 고급 얼굴을 묘사하는 설명 속에 살아 있기 때문이다. 징천은 고급 얼굴을 좋아하는 이유를 다음과 같이 설명한다.

전 니니(倪妮), 저우윈(周韵) 이런 얼굴이 좋아요. 골상(骨相)[16]과 기질이 좋아요. 골상이 좋다는 게 그 사람의 아름다움이 자연적인 것, 타고난 것 그런 거예요. 니니(倪妮), 탕웨이(汤唯)처럼. 이 사람 들의 외모는 얼굴에 손댄 것 같지 않고 예쁘고 개인적 특색이 있어 요. 양미 그런 얼굴보다 저 개인적으로 니니 이런 사람들의 얼굴이 더 좋아요. 외모가 자연스럽고 기질이 안으로부터 나타나요. 사실 전 어느 연예인이 좋다는 게 그 사람의 외모보다 내적인 걸 좋아한 다는 거예요. 프로 정신, 교양, 지식 측면 이런 내적인 것. 그리고 외 모는 자연스럽고 개인적 특색이 있어야 해요. 대중적 심미에 부합 하지 않더라도 특색이 있어야 해요.

중국의 인터넷 블로거나 패션잡지들은 저급 얼굴과 고급 얼 굴을 비교할 때 얼굴의 생김새만을 말하지 않는다. 고급 얼굴과 함께 고급감(高级感), 이른바 고급스러운 분위기를 포함하여 설 명한다. 이목구비의 모양은 사각턱과 광대뼈 정도로 간소하게 설명한다. 얼굴에서 풍기는 인상과 웃는 모습, 자세와 태도 등을 보다 상세하게 서술한다. 가장 강조하는 것은 '왕흥 얼굴은 옳지 않다'는 것이다. 특히 송곳 모양의 뾰족한 턱과 금붕어 같은 큰 눈은 기질을 발산할 수 없는 얼굴이라고 강조한다.[17] 그동안 서구 여성과는 다른 중국 여성에게 어울리는 미 기준으로 강조되었던 갸름한 턱 대신, 사각턱과 위로 솟아오른 광대뼈가 강해 보이고 매력적이라고 설명한다. 이와 더불어 붕어빵처럼 똑같은 미소, 예뻐 보이기 위해 긴장을 풀지 않고 사진을 찍는 일은 그만두라는 제안도 덧붙인다. 연예인의 외모를 분석하는 뷰티 블로거들은 국제적 슈퍼모델 두쥐안의 차가운 얼굴, 무대에서 돋보이기 위해 자리다툼하지 않는 무심함과 무표정한 모습, 거리를 활보하는 슈퍼모델 류원의 자연스러운 미소와 세련된 옷차림, 여유 있고 당당한 태도를 지닌 니니의 화창한 미소 등을 고급 얼굴과 고급감의 사례로 제시한다. 외꺼풀 눈과 사각턱, 광대뼈, 글로벌 무대에서 활약하는 슈퍼모델의 차가운 얼굴과 당당한 몸가짐, 세련된 패션은 고급 얼굴과 함께 고급감이라는 정서적 분위기를 완성한다.

고급 얼굴에서 강조되는 문화적 가치는 여성들에게 도도함과 당당함, 자신감과 같은 자기만의 특색이 중요하며, 이러한 특색이 얼굴에서 풍겨 나올 수 있도록 하라고 주문한다. 고급 얼굴의 특질에 부착된 문화적 의미들은 현대 중국 사회의 젊은 세대 여성들이 중요하게 생각하는 가치들이 무엇인지를 말해 준다. 코

두쥐안
니니

즈모폴리턴 도시의 화려함에 대한 열망도 엿보이지만, 무엇보다도 전문적이고 독립적이며 강한 현대 중국 여성으로 자신을 재현하고 위치시키고자 하는 기대가 핵심이다. 이러한 기대는 앞서 《중국부녀》논의[18]에서 살펴본 중국의 현대적 여성상과도 겹친다. 《중국부녀》는 중국의 문화적 가치와 파워, 강인함을 체현한 내면의 미를 중국의 현대적 여성상으로 구현했다. 차분함과 고요함, 자제력, 대담함, 지위, 권력과 같은 단어로 표현되는 아름답고 성공한 여성들의 이미지는 중국의 전통적 여성상이나 서구적 여성상, 그리고 미녀경제에서 보여지는 대상으로서 미녀와는 차이가 있다.

고급 얼굴 논의에서 여성들은 여전히 어떤 얼굴과 미소, 태도가 아름다운지에 관한 이야기들, 서로가 서로를 바라보는 시선들 속에 둘러싸여 있다. 여성 개인의 독특한 기질(치즈)은 또한 고급 얼굴이라는 '보여짐'의 차원에서 설명되고 있기 때문이다. 고급 얼굴의 특징으로 부각되는 것은 광대뼈, 사각턱, 하악골의 라인이다. 이 때문에 '미인은 이목구비보다 윤곽에 달려 있다' (美人在骨不在皮, 글자 그대로는 미인의 뼈에 있지 가죽에 있지 않다)는 견해가 폭넓게 받아들여지기도 한다. 많은 여성이 흔하고 복제 가능한 왕훙 얼굴보다 고급 얼굴을 선호하지만, 고급 얼굴은 성형수술을 통해 쉽게 얻을 수 없다. 사각턱과 광대뼈를 없애는 것보다 추가하는 것이 더욱 어렵기 때문이다. 이 때문에 고급 얼굴은 더 '고급스러워진다.' 이러한 변화 속에서 자연스러운 수술 효과를 원하는 여성들이 많아지고 있다. 고급 얼굴은 지금 중국에서 여성성과 뷰티를 어떤 방식으로 조합하고 재현해야 하는지에 관한 현대적 버전의 또 다른 이야기이자 여성성의 규범이다.

2019년 온라인 미용성형 플랫폼 경메이는 중국의 미 기준이 변화하고 있다는 보고서를 발표했다. 2016년 이전에는 큰 눈과 높은 콧날, 뾰족한 턱선을 강조한 획일화된 미 기준이 존재했지만, 이후 보다 다양한 미 기준들이 생겨났다는 것이다.[19] 경메이는 2016년 이후 성형수술 템플릿으로 긴 눈과 각이 진 턱선을 가진 "슈퍼모델 얼굴", 처진 눈과 냉담한 얼굴을 가진 "세계에 지친 얼굴"(염세적 얼굴), 메기 얼굴, 요정 얼굴, 첫사랑 얼굴, 애니메이션 주인공 얼굴을 제시한다. 해당 앱에 접속한 중국 여성들의 의견을 빅데이터로 분석하여 나온 이 보고서는 변화하는 외모 기준을 포착하고 있고 "중국에서 인기 있는 성형수술 템플릿"이라는 그래픽을 발표했다. 고급 얼굴을 포함하여 성형수술이 구현할 수 있는 얼굴'들'이 보다 다양한 상품 선택지로 제시되고 있는 것이다.

왕훙 얼굴: 복제 가능한 아름다움

리슈앙(1996년생)은 산둥성(山東省)의 농촌 출신이다. 전문대학에 다니면서 인터넷 방송을 진행하는 BJ로 일하고 있다. BJ를 시작한 지는 2년 정도 되었고 팔로워는 10만 명가량이다. 평소 BJ 방송을 즐겨 보는 편이었는데, 위챗 친구를 추가한 한 여성 BJ가 권유해서 시작했다. 방송에서는 한국 K-pop 여자 아이돌의 춤과 노래를 보여 준다. 어려서 노래와 춤을 배운 적이 있고 지금은 한국 뮤직비디오를 보면서 연습한다. 인터뷰를 했던 2018년 리슈앙은 왕훙을 전문적으로 관리하는 M 에이전시[20]와 계약을 맺었다. 판다TV(Panda), 더우위TV(鬪魚), 쿠거우뮤직(酷狗音樂) 등 인터넷 방송 플랫폼에서 방송한다.

리슈앙이 보내온 수술 전 사진에는 티셔츠 차림에 이어폰을 끼고 있고 하얀 피부에 커다란 눈, 갸름한 얼굴을 한 10대 소녀의 모습이 있었다. 수술 후 방송하는 장면에서 리슈앙은 몸매가 드러나는 옷을 입고 있었고 인터넷에서 익숙한 왕훙 얼굴로 자신을 연출하고 있었다. 리슈앙은 한동안 방송을 쉬었다고 했다.

BJ를 그만둔 지 6개월 정도 됐는데 요즘 다시 시작했어요.

(왜 그만뒀었나요?)

너무 힘들어서요. 매일 방에서 방송하고 밥 먹고 자고 또 방송하고. 다른 일상이 없더라고요.

방송을 다시 시작한 이유는 간단했다. 이만한 일자리가 없기 때문이다.

이게 제일 익숙하고 잘하죠. 돈도 많이 벌고.

유명 BJ는 아니지만 리슈앙의 한 달 수입은 베이징이나 상하이의 대학교 졸업생보다 높다. 리슈앙은 한 달에 약 1만 위안(약 170만 원)을 버는데, 2017년 상하이의 대학교 졸업생 평균 첫 월급은 6000위안(약 100만 원) 미만이다. 농촌 출신으로 전문대학에 다니는 20대 초반 여성이 1선 도시 대학 졸업생보다 더 나은 일자리를 가진 것이다. 그렇지만 BJ로 일하기 위해 외모에 상당히 많은 돈을 들였고 위험 부담도 감수해야 했다.

리슈앙은 이번 연구에서 내가 만난 10여 명의 젊은 여성 중에 성형수술을 가장 많이 했다. 2년 전 부모님 몰래 쌍꺼풀 수술을 처음 했고, 이후 앞트임, 뒤트임, 밑 트임까지 해서 눈을 크게 만들었고, 코 성형, 얼굴 지방흡입, 얼굴 지방이식, 실 리프팅, 보톡스, 필러 시술 등 더 많은 수술을 했다.

수술 비용으로 10만 위안(약 1700만 원) 정도 썼어요. 처음에 모은 돈으로 눈 성형, 필러 같은 비싸지 않은 수술을 했고, 제가 젖살이 좀 있는 편이라 얼굴 지방흡입을 했고, 코 이런 데 수술했어요. 저는 갑자기 어딜 하고 싶단 생각이 들면 당시에 있는 도시에서 수술한 거예요. BJ를 하면서 여기저기 많이 돌아다녔어요. 장시, 항저우, 시안, 지난 등등에서 다 수술받았어요.

수술 비용 10만 위안은 2년여 동안 수입의 절반을 미용성형에 사용한 것이 된다. 성형 정보를 검색하거나 병원에 상담을 가는 등의 과정 없이 즉흥적으로 이루어졌다. 수술한 이유는 자신이 못생겼다고 생각했기 때문이라고 했다. 다른 인터뷰이들에 비해 얼굴 부위별로 너무 세밀한 시선으로 자신의 외모를 평가했다.

저 자신이 너무 못생긴 것 같았어요. 저는 자신에게 요구하는 게 많은 편이라서요. 눈이 잘 붓고 눈동자가 많이 튀어나오고 이마도 작고 눈썹 뼈가 없어서 얼굴에 입체감이 없었어요.

리슈앙이 자신 얼굴의 결점에 엄격하고 성형수술에는 관대한 입장을 가진 것은 그녀가 머무는 인터넷 세계가 작동하는 논리와 관련이 있다. BJ가 돈을 버는 방법은 방송 시청자들이 보내는 선물 아이콘을 통해서다. 팬들이 많을수록 돈으로 환산되는 선물 아이콘을 받을 가능성이 높아지며, 돈은 배분율에 따라 BJ와 중개업자가 나눈다. 팔로워 수가 30만 명이 넘으면 인터넷 인기 스타 왕훙이라고 부른다. 인기를 얻고 돈을 벌 수 있다는 기대감 속에 많은 일반인이 왕훙 시장에 뛰어들고 있다. 특별한 재능을 가지고 유명해지는 예외적 사례들과 달리 일반인이 주목을 끄는 가장 쉬운 방법은 외모다. 한 조사에 따르면 2017년 기준 중국에 왕훙은 100만 명이 넘는데 82.5퍼센트는 '외모가 뛰어나고 젊은 여성'이다.[21] 점점 더 많은 왕훙이 타오바오에 숍을 열고 자신이 피팅 모델이 되어 제품을 판매한다. BJ를 하려는 사람이 많아지면서 리슈앙은 BJ로 돈을 버는 일이 갈수록 어렵다고 느낀다.

요즘 오락방송 BJ는 진짜 너무 힘들어요. 그냥 수다만 하거나 심술을 부리는 BJ는 인기가 참 많아요. 아니면 예쁜 애, 진짜로 예쁘게 생긴 BJ도 인기 많아요. 화지오, 모모 같은 모바일 방송 플랫폼에 예쁜 애들이 많아요. 돈도 많이 벌고. 개나 소나 BJ를 해요. 어이가 없죠. (…) 여자, 남자 그런 것보다 그냥 '얼굴 보는 세상'이죠. 더우인(抖音)에서 인기 많은 사람은 다 얼굴만 있고 재능 없는 사람이라고 봐요.

왕홍 얼굴[22]

리슈앙의 불만은 '별다른 노력도 없이' 돈을 버는 예쁜 얼굴의 BJ들을 향한다. 그렇지만 같은 이유로 리슈앙 역시 좀 더 인기를 끌 만한 외모를 만들기 위해 투자할 수밖에 없다.

한 인터넷 사이트는 왕홍 얼굴의 특징을 다음과 같이 기술하고 있다.

볼륨감 있고 작은 얼굴에 V-라인. 짙은 일자형 눈썹(한국 스타일), 눈썹과 눈의 간격이 좁아 눈동자가 깊어 보이고 혼혈아 같은 느낌. 큰 눈에다 폭넓은 쌍꺼풀(유럽 스타일), 작은 코끝과 콧방울. 높은 콧날. 볼륨감 있는 입술.

이른바 '양치'한 얼굴[23]의 모든 특징을 망라하고 있다. 일자형 눈썹은 한국 스타일이고, 큰 눈과 폭넓은 쌍꺼풀은 유럽 스타일이라는 각주가 달려 있다. 갸름한 얼굴을 가리키는 V-라인은 중국 스타일인 셈이다. 성형수술이 보급화되면서 예쁜 얼굴의 특징들을 한 얼굴에 모으는 것이 가능해졌고 주목을 끄는 왕훙 얼굴도 점점 더 많아지고 있다. 또한 '왕훙 얼굴=돈'이라는 등식이 희망으로 부상하면서 일반인들의 성형수술 소비가 가속화하고 있다. 왕훙 얼굴은 성형수술을 했기 때문이 아니라 기술로 복제한 비슷한 얼굴이라는 이유로 비난을 많이 받고 있다. 개인의 특색이 살아있는 고급 얼굴과 대조하여 저급 얼굴(低級脸)로 불린다. 티안신은 왕훙 얼굴에 강한 반감을 드러냈다.

왕훙 얼굴의 사람들은 다 성형 괴물이에요. 다 똑같이 생겼고. 중국 사람이면 그런 얼굴을 가질 수가 없잖아요. 너무 끔찍해요. 그런데 이상하게 남자들은 그런 얼굴을 좋아하더라고요. 여자를 보는 눈이 이상해요. 왕스총(王思聰), 친펀(秦奮) 이런 재벌 2세들의 여자 친구가 다 왕훙 얼굴이에요. 저런 유명한 사람들 때문에 남자들이 다 왕훙 얼굴을 좋아해요.

티안신은 왕훙 얼굴처럼 성형수술을 하면 본인만의 특색이 없어진다고 생각한다. "중국 사람이라면 그런 얼굴을 가질 수 없다"라는 말에서 알 수 있듯이 왕훙 얼굴이 만들어질 수 있는 이유는 성형수술이 일반화(보급화)되었기 때문이다. 복제한 것처럼 똑같이 생긴 얼굴들이 인터넷에 전시되고 있고, 남성 재력가들은 왕훙 얼굴의 미녀와 사귀는 것으로 자신의 부와 권력을 과시한다. 왕훙 얼굴은 나의 특색을 표현하기 위한 것이 아니라 재력 있는 남성을 얻기 위한 수단이 되기 때문에 도덕적으로 옳지 않은 것이 된다. 린린은 티안신과 같은 일방적인 비난에 대해서는 불편하다고 말했다.

(왕훙 얼굴은) 경제적 이익이 있어서 그렇게 성형수술을 한 거겠죠. 돈 벌려고. '청춘밥'[24]을 먹는 사람이면 어쩔 수 없는 거예요. 사실 저는 성형이나 성형수술을 받은 사람에 대한 편견이나 이런 게 없어요. 그 사람들이 많은 (수술의) 고통, 비용, 리스크를 감당했는데. 앞으로 수십 년 동안 계속 병원에 가서 재수술해야 하는 거도 감당했는데 그 사람들이 지금의 아름다움과 부를 가질 자격이 있다고 생각해요. 어떤 사람은 성형수술을 한 사람보고 성형 괴물, 어쩌고 저쩌고하는데 사실 이 사람들의 얼굴과 가진 걸 부러워해요. 부러워하면서 왜 비난해요? 저 개인적으로는 똑같이 생긴 걸 원하지 않고 얼굴에 수술하는 거 무서워서 그렇게 수술을 못 하지만 비난하

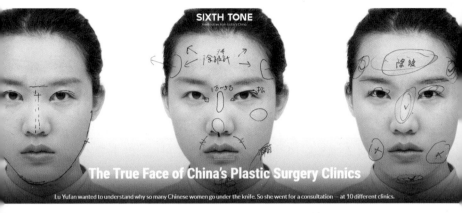

The True Face of China's Plastic Surgery Clinics [25]

지 않아요.

    린린의 불편함은 여성의 외모를 자원으로 활용하는 현재 중국의 시장경제 논리를 수용하는 데에서 온다. 린린은 청춘밥(靑春饭)을 먹는 사람이라면 어쩔 수 없는 선택이고, 수술의 고통과 비용, 위험성, 그리고 재수술해야 하는 부담까지 감당했기 때문에 그들이 가진 아름다움과 부에는 합당한 자격이 있다고 말했다.

    미녀경제 붐에서 보듯이 자신의 젊음과 미모를 화려한 고용 기회로 전환할 수 있다는 희망이 부유하는 사회에서는 몸 자본을 극대화하는 능력이 중요하게 여겨진다. 성애화된 여성 이미지도 증가할 수밖에 없다. 여성들의 미모가 잘 팔리는 상품이자 볼거리로 전시되는 왕훙 세계는 미녀경제의 또 다른 판본이다. 도덕적 비난과 외모에 대한 조롱을 받을 수 있지만, 왕훙 얼굴은 외모가 가치를 가지는 미녀경제 체계 안에서는 필요한 것이 된다.

왕훙 얼굴은 중국 사회의 성차별주의와 불평등을 가리키는 대표적 문제로도 지적된다. 20대 비주얼 아티스트 류판은 중국 미용성형 문화에 대한 비판적 탐색 프로젝트인 'Make Me Beautiful'을 수행했다.[26] 류판은 그녀 자신을 비롯하여 많은 여성이 왜 성형수술을 하고 싶어 하는지를 이해하고 싶어서 프로젝트를 시작했고, 왕훙 얼굴과 같은 획일화된 미 기준, 규제 없는 미용성형 산업의 문제를 비판했다. 그녀는 성형수술의 문제는 미용성형 산업이 아니라 중국 사회의 성차별주의와 불평등이라고 지적하며, 대표적 사례로 왕훙 얼굴을 거론했다.

류판에 따르면, 성형수술의 가장 큰 문제 중 하나는 성형의료산업의 문제이기보다, 성차별주의와 불평등이다. "성형수술은 사회적 실재의 표출이에요. 이 직업을 원하는 사람은 그녀 자신의 얼굴을 '왕훙 얼굴'로 바꾸는 것을 받아들일 겁니다. 그것은 그녀 자신의 진정성과 독특함에 해를 끼칠 수 있습니다. 그러나 그녀에게 경제적 이득을 가져다줍니다."[27]

왕훙 에이전시가 성형수술을 강제하는 내용으로 여성들과 계약을 맺는 것은 공공연하게 알려진 사실이다. 왕훙 얼굴의 대가로 얻게 되는 경제적 이득은 상당히 불안정하다. 경메이의 대표 Liu Di는 〈성공을 위해 성형수술을 받는 왕훙들〉 영상[28]에서 "왕훙이 온라인 방송에서 예전과 같은 수익을 에이전시에 가져다주지 못한다면, 에이전시는 그들을 오프라인의 쇼핑몰이나 술집 홍보 행사로 데려갈 것"이라고 말한다.

리슈앙이 그러한 강제 사항을 담은 계약을 체결했는지는 인터뷰 당시에 묻지 못했다. 그렇지만 그녀는 (류판이 말한) 자신의 진정성과 독특함을 버리고 왕훙 얼굴로 바꾸는 것에 수긍하는 것처럼 보인다. 리슈앙은 배우 중신퉁(钟欣潼)이나 장바이즈(張柏芝)와 같은 "자연스러운 얼굴", "손댄 것 같지 않고 예쁜 얼굴"을 좋아하지만, 그녀가 원하는 얼굴은 중국 사회에서 인위적이고 부자연스럽다고 지탄받는 왕훙 얼굴이기 때문이다. 왕훙 세계에서 통용되는 몸 규칙을 따르는 것은 위험이 따르는 일이기도 하다. 2018년 인터뷰 당시 리슈앙은 코 성형 부작용으로 재수술을 기다리고 있었다.

코에 넣은 보형물 고어텍스가 감염돼서 꺼내 놨어요. 꺼내고 코에 흉터가 남았어요. 공짜로 재수술을 받을 건데 10월에야 할 수 있어요. 6개월 후에. 전에 감기에 걸려서 코를 자주 파서 감염된 것 같아요. 의사 선생님은 제가 쓴 보형물의 구멍이 좀 커서 감염되기 쉽다고 그랬어요.

(만약에 재수술해도 소용없다면 어떻게 해요?)

소용없다고 해도 지금보다 낫겠죠.

화장을 옅게 한 얼굴의 코끝에는 보형물을 빼내고 꿰맨 세로 선의 흉터가 보였다. 리슈앙은 체념인지, 재건의 의지인지 알 수 없는 말투로 답변했다. 그녀가 선택할 수 있는 것은 재수술이고, 부작용이 생긴 코를 재건하는 것은 자신이 할 수 있는 일이 아니기 때문이다.

왕훙 얼굴은 성차별적 미녀경제의 민낯을 보여 준다. 그렇다고 해서 왕훙 얼굴에 대한 비난 혹은 비판적 시선은 미용성형 산업이나 '얼굴 보는 세상'에 대한 문제 제기가 되지는 못한다. 왕훙 얼굴에 대한 비난은 오히려 중국의 미용성형도 개인성을 반영한 다양한 미를 추구하는 수준 높은 시장이라는 것을 뒷받침하는 근거로 활용되기 때문이다. 미용성형 알선 앱 경메이(更美)의 〈2019년 중국 의료미용산업 백서〉에서는 왕훙 얼굴을 지나간 유행처럼 사소화하면서 중국 성형(美)의 수준 향상을 설명한다.[29]

2016년 전까지만 해도 큰 눈과 높은 콧날, 앵두 입술, 날카로운 턱, 창백한 피부 등 여배우 판빙빙과 안젤라베이비의 얼굴 특징을 빼닮은 왕훙 얼굴이 인기를 끌었지만, 2016년 이후 왕훙 얼굴(internet celebrity face)에 대한 피로감으로 좀 더 다양한 선택지들이 생겨났다.

이러한 맥락을 반영하듯 최근 중국 성형외과에서 강조하는 단어는 맞춤형 성형수술이다. 여성들의 다양한 요구를 성형수술 과정에 반영하겠다는 뜻이다. (류판이 언급한) "자기만의 진정성과 독특함에 해를 끼치지 않는", 즉, 여성의 주체적 선택과 자신감, 미의 다양성과 같은 단어들은 '얼굴 보는 세상' 안에서 미용성형 산업을 팽창시키는 원료가 된다.

혼혈 얼굴과
서구 얼굴

2000년대 초반 중국에 성형수술이 유행하기 시작할 무렵, 이상
적인 성형수술은 중국인의 얼굴과 조화를 이루는 자연스러운
성형수술이었다. 중국 미용성형 리얼리티 쇼를 소개하는 한 신
문 기사에서 뷰티 전문가와 의사들은 유럽 스타일 쌍꺼풀은 유
행이 지났고 서양 사람처럼 보이지 않도록 유의해야 한다고 강
조했다.

베이징에서 패션잡지를 출판하고 있는 장샤오메이는 "10년 전에는
유럽 스타일의 쌍꺼풀 수술이 유행했지만 중국 여성들은 큰 쌍꺼풀
이 부자연스럽다는 사실을 알게 됐다"라며 "중국인 얼굴에 맞는 성
형이 대세"라고 말했다. 그는 이어 "높은 코와 두꺼운 입술도 더 이
상 인기가 없다"라며 "아시아인의 아름다움을 왜곡하기보다는 김
희선이나 미스 홍콩 리쟈신, 배우 장만위의 얼굴처럼 성형하고 싶어

한다"라고 덧붙였다. 〈러블리 신데렐라〉를 촬영한 창사의 한 성형외과 원장은 "쌍꺼풀 수술은 눈을 크지만 서양 사람처럼 보이지 않도록 해야 한다"라고 말한다. 또 얼굴선을 부드럽게 하기 위해 턱을 깎을 때는 얼굴형이 거위알 모양이 되도록 해야 한다고 덧붙였다.[30]

기사에서 과거 중국인들은 무조건 서양 사람을 모방했지만, 이제 중국인에게 어울리는 미적 시선을 가지게 되었다고 강조한다. 유럽 스타일은 자연스러운 아름다움에 대해 무지했던 과거의 것으로 치부되고 있고, 서양 사람처럼 보일 우려가 있는 것으로 설명되고 있다. 이러한 논의들은 앞서 한국 의사들이 '한국식 성형수술'을 주장하는 논지와도 같다.[31] 한국 의사들은 미국식 쌍꺼풀 수술 기법을 사용하면 지방을 너무 많이 제거해서 "자연스럽지 않은' 서구인의 눈"이 된다고 지적한다. 자연스러운 쌍꺼풀은 중국에서도 호응을 얻었고 한국 의사들의 중국 진출을 가능하게 한 주요 요인이었다. 한류가 유행했고 한국 성형수술은 선진기술을 의미했기 때문에, 중국 성형외과들은 '한국 성형센터'를 운영하거나 한국과 교류하고 있고, 한국 스타일이 가능하다는 점을 홈페이지에 내세웠다.[32]

그런데 최근에는 유럽 스타일을 차용하면서도 자연스러운 미를 구현하여야 한다고 주장하는 성형 스타일이 인기를 끌고 있다. 혼혈 스타일(混血风)과 혼혈 얼굴(混血脸)이 그것이다. 중국인의 얼굴에 유럽 스타일을 그대로 구현하는 것은 부자연스럽기 때문에 서구적 미와 아시아적 미를 적절하게 결합한 혼혈 스타일로 자연스러운 미를 추구할 수 있다는 것이다.

2021년에 인터뷰했던 레이가 "혼혈처럼" 쌍꺼풀 수술을 하고 싶다고 했을 때 언뜻 이해가 잘되지 않았다. 유럽 스타일이라면 대략 한국 스타일과는 다른 큰 눈과 폭넓은 쌍꺼풀을 원한다고 짐작하겠지만, 혼혈 얼굴처럼 성형하고 싶다는 개념은 다소 혼란스러웠다. 혼혈 스타일은 유럽 스타일과 혼용되기도 하지만 조금은 다른 개념이다. 유럽인의 얼굴 혹은 서구 미인의 얼굴 특징이 아니라, 혼혈 느낌(混血感)이 있는 여성의 얼굴을 상상하고, 성형수술로 그 외모 특징을 가지기를 원하는 것이다.

상담할 때 의사가 어떤 스타일로 하고 싶은지 물어보길래 혼혈처럼 하고 싶다고 말했어요.

(혼혈처럼이요?)

혼혈 얼굴이요. 요즘 중국 사람들은 혼혈 얼굴을 좋아해요. 블랙핑크(Blackpink) 리사(Lisa)도 혼혈 얼굴로 인기가 많아요.

(혼혈 얼굴이 유럽 스타일과 비슷한 건가요?)

비슷해요. 지금 중국 애들은 성형수술 전에 쌍꺼풀 모양을 많이 찾아봐요. 의사도 쌍꺼풀 모양을 알려주고요. 정보를 안 찾는 애들은 보통 한국 스타일, 그러니까 자연스러운 아시아 스타일 같은, 아니면 유럽 스타일로 해달라고 해요.

(혼혈 스타일을 원했던 이유는 무엇인가요?)

눈이 커 보였으면 좋겠다는 생각을 해왔어요. 친구가 추천했고, 친구가 너무 잘 됐어요. 그리고 그해에 혼혈 스타일 쌍꺼풀 수술이 유행했어요. (…) 태연의 얼굴을 좋아하지만 태연의 눈 모양은 너무 자연스러워서 수술하면 티가 잘 안 날 수도 있어요.

레이가 원하는 혼혈 쌍꺼풀은 구미안형(欧美眼型), 즉 서구 미인의 눈 스타일이라고도 한다. 바이두(百度)나 샤오훙수(小红书)에 소개되는 평행형(平行型), 열린부채형(开扇型), 평부채형(平扇型), 구미안형(欧美眼型), 초승달형(新月型) 중 하나다. 쌍꺼풀의 모양과 인상, 어울리는 얼굴형 등이 설명되어 있는데, 중국 사회에서 여성을 어떻게 규정하는지 알 수 있을 정도로 사회가 인정하는, 따라서 많은 여성이 추구할 법한 여성성에 관한 형용사들이 망라되어 있다. '요염한 분위기, 복숭아꽃 눈', '대범하고 명랑한 분위기', '자연스럽고 함축된 아름다움', '깊고 입체적이며 세련된(서양스러운) 인상', '귀엽고 달콤한 인상', '성숙하고 단정하며 수려한 느낌' 등이다. 구미안형에는 "생김새가 서구적인 사람에

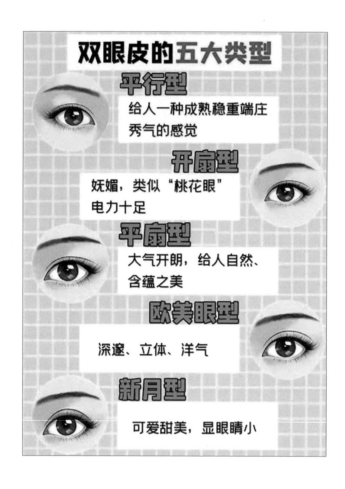

다섯 가지 쌍꺼풀 유형

· 개선형(开扇型)

부채꼴 모양의 쌍꺼풀로 동양인에게 적합하다. 부채꼴 모양으로 하면 눈가가 올라가기 때문에 눈꼬리가 치켜 올라간 눈은 어울리지 않을 수 있다. 섹시한(요염한) 분위기의 눈으로 '복숭아꽃 눈' 같다.

· 평선형(平扇型)

대범하고 명랑하며 사람들에게 자연스럽고 함축된 아름다움을 준다.

· 구미안형(欧美眼型)

얼굴 윤곽이 뚜렷하고 눈썹 뼈가 높고 눈두덩이가 깊으며 생김새가 서구적인 사람에게만 적합하다. 깊고 입체적이며 서양스럽다(洋气).

开扇型

扇型双眼皮适合绝大部分东方人。但是吊眼严重的亲可能不适合。因为扇形会加重吊梢感。

平行型

比较适合眼睛比较大，眼裂长，眉眼间距远一点的小伙伴。小方脸的妹子可尝试小平行。

新月型

双眼皮中间部分最宽，两端逐渐变窄，比较适合圆脸的妹纸。

欧式型

比较挑人，只适合面部轮廓清晰，眉骨高，眼窝深，长相偏西方化的人。

· 초승달형(新月型)
쌍꺼풀 중간 부분이 제일 넓고 양끝이 점점 좁아져서 비교적 동그란 얼굴에 잘 어울린다.
귀엽고 달콤한 인상을 주며 눈이 작아 보인다.
· 평행형(平行型)
비교적 눈이 크고 눈과 눈썹의 간격이 먼 사람에게 적합하다. 얼굴이 각진 사람은 작은
평행형을 시도할 수 있다. 성숙하고 단정하며 수려한 느낌을 준다.
- 샤오훙수(小红书, 卢静)

게만 적합하다"라는 부연 설명이 있다.

레이가 좋아하는 얼굴과 닮고 싶은 얼굴은 달랐다. 한국 걸그룹 소녀시대 태연처럼 순수한 분위기의 얼굴을 좋아하지만, 성형을 할 때에는 혼혈 얼굴의 스타일을 선택했다. "수술한 티"가 났으면 좋겠다는 표현처럼 성형 후 외모와 분위기가 변화하기를 원했기 때문이다.

레이는 틱톡에 취직하기 위한 목적으로 성형수술을 한 것은 아니라고 말했다. 그렇지만 틱톡 취업은 자신이 인터넷 방송을 진행하는 데 부족함이 없는 외모라는 점을 확인해 주었다.

(틱톡에 취업하기 위해 쌍꺼풀 수술을 했나요?)
그렇지는 않아요. 그냥 하고 싶었어요. 자신감을 가지기 위해서. 틱톡 말고도 여러 군데 이력서를 냈어요. 당일 채용됐고 직장 분위기도 좋아서 계속 일하게 됐습니다.
(틱톡 BJ는 외모가 중요한 일인가요?)
외모가 중요해요. 보통 면접 당일에는 일을 시키지 않는데 저는 면접 당일 합격했고 바로 일을 시작했어요. 외모가 엄청 영향을 미친다고 생각해요. 일본 애니메이션에 나오는 굿즈를 판매하는 일인데 아무래도 고객은 다 남자니까.

외모가 중요한 일인지 묻는 나의 질문에 레이는 고객 대부분이 남성이기 때문에 매우 중요하다고 답변했다. 틱톡 라이브커머스 방송은 상품을 홍보하고 소비를 유도하는 마케팅 기술도 필요할 것이고 레이의 일본어 전공 실력도 도움이 된다는 이야기가 나올 수도 있었을 것이다. 그러나 "아무래도"라는 표현이 함의하듯이, 레이는 남성이 시선을 독점하는 인터넷 방송에서 '잘 팔리는 외모'가 중요하다는 미녀경제의 시장 논리를 잘 파악하고 있었다. 이를 위해 레이는 자신이 좋아하는 외모보다는 중국 사람들이 선호하는 혼혈 얼굴이라는 미 기준을 선택했다.

인터넷상에서 혼혈 얼굴은 "서구적 미의 장점과 아시아적 미의 장점을 결합한 얼굴"로 설명된다. '이상적으로 생각하는 서구 백인'과 아시아인의 혼혈 얼굴로 보통의 아시아인과는 다르게 또렷한 이목구비를 가진 얼굴이다. 혼혈 얼굴이 참조하는 서구는 특정 국가나 지역과는 관련이 없다. 또한 실제 서로 다른 인종이나 민족의 부모에게서 태어난 사람의 얼굴을 가리키는 것도 아니다. 할아버지가 독일인이라고 알려진 안젤라베이비와 신장 위구르족 출신의 디리러바, 한국 걸그룹 블랙핑크의 멤버이며 태국인인 리사 모두 혼혈 얼굴로 인기를 얻고 있다. 혼혈 얼굴은 아시아인이지만 조금 덜 아시아인 같은, 그리고 조금 더 서구인

같은 느낌을 가진 얼굴을 추구한다. 오똑한 콧대와 넓지 않은 콧날, 높은 눈썹 뼈와 깊은 눈매, 폭넓은 쌍꺼풀이 진 눈, 갸름한 턱선 등 혼혈 얼굴의 특징은 언뜻 유럽 스타일로 명명해도 크게 다르지 않아 보인다. 그러나 혼혈 얼굴 담론에서 강조하는 것은 서구적 미 기준을 그대로 모방하는 것은 경계해야 한다는 점이다.

혼혈 얼굴의 이목구비가 주는 느낌은 아시아와 서양의 장점을 결합한 것이다. 혼혈 얼굴은 이목구비의 높낮이 차이가 아시아인보다는 크지만 유럽인만큼 강하지는 않다. 이러한 적당함이 혼혈 얼굴의 독특한 미감(美感)을 조성한다.[33]

동양인들이 가장 많이 하는 실수 중 하나가 높고 곧은 코를 만드는 것입니다. 아시아 여성의 얼굴 특징은 일반적으로 어리고 아름답기 때문에 콧대가 너무 높고 눈에 띄면 남성적인 경향이 있고 아시아 얼굴 특징의 아름다움을 약화합니다.[34]

서구적 얼굴의 이목구비는 아시아인에게 어울리지 않아서 부자연스럽고, 강하고 공격적 인상으로 자칫 남성스러워 보일 수 있다고 지적된다. 예를 들어 빅토리아 베컴은 뚜렷한 이목구비를 가지고 있어 카리스마가 넘치고 여왕다운 면모는 있지만, 달콤한 미(甜美)가 전혀 없다는 식이다. 혼혈 얼굴 성형은 어리고 사랑스러운 분위기의 얼굴(혼혈동안, 混血童顏)을 이상적 여성상으로 강조하며, 중국인의 얼굴과 조화를 이루는 '적당한' 입체감을 만드는 자연스러운 성형이라고 설명된다.

혼혈 얼굴 담론에서 서구적 미 이상은 지속적 참조점이다. 서구 미인의 얼굴을 전적으로 이상화하지는 않지만, 비교를 통해 중국 여성의 얼굴을 성형이 필요한 비포(before) 상태에 위치시킨다. 성형 이후 애프터(after)의 방향이 서구를 향하고 있다는 점은 분명해 보인다. 혼혈 얼굴의 미를 설명하는 직관적 근거로 인종차별적 미 이데올로기가 빈번하게 활용된다는 점은 주목된다. 서양 얼굴, 동양 얼굴, 혼혈 얼굴을 비교하거나, 백인과 아시아인, 흑인의 이목구비를 비교하는 글에서 백인 얼굴은 흑인 얼굴보다 우월한 아름다움을 가진다고 설명된다. 상하이의 한 성형외과는 "백인이 흑인보다 잘생기고 혼혈인이 보통 사람보다 잘생겼다"라고 쓰고 있기까지 하다.

우리는 서구 문화에 점점 더 많이 노출되고 그들의 존재에 익숙해집니다. (…) 인간의 얼굴 미학은 문화와 경제의 영향을 받는다는 것을 인정해야 합니다. 아주 간단한 예로 세상은 일반적으로 백인이 흑인보다 잘생기고 혼혈인이 보통 사람보다 잘 생겼다고 생각합니다. 동양인은 얼굴 상태에 따라 합리적인 매칭 성형을 진행한다면 가장 완벽하고 자연스러운 효과를 볼 수 있을 겁니다! [35]

혼혈 스타일 성형은 서구적 미 특징을 중국 여성의 얼굴에 맞게 수정하여 적용할 것을 강조하는데, 인종에 따른 외모 특질을 본질화하고, 흑인과 같은 비백인 인종의 외모를 비하하는 시각과 짝을 이룬다.

과거 유럽 스타일이 성형수술 자체를 의미했고 미에 대한 무지를 가리켰다면, 이제 유럽 스타일은 혼혈 스타일, 혼혈 얼굴 성형이라는 이름의 진화된 상품으로 미용성형 세계에 등장했다. '이상적으로 생각하는 서구 백인'과 아시아인의 혼혈 얼굴이 성형 롤모델이다. 혼혈 얼굴 성형은 자연스러운 성형의 개념과 범위를 점유하며 상품 영역을 확장하고 있다. 한국 스타일 혹은 아시아 스타일 성형은 아시아인의 신체적 특징을 고려한 미 기준과 수술 기법을 내세우며 자연스러운 성형을 주장했었다. 이와 유사한 방식으로 이제 혼혈 스타일 성형은 유럽 스타일과는 차별화되는, 중국 여성의 얼굴에 어울리는 적당한 입체감을 내세우며 더 다양한 얼굴 부위에 대한 과도한 수술적 개입을 자연스러운 성형으로 범주화한다. 얼굴 윤곽선, 눈썹 뼈와 눈매, 콧대와 콧날, 광대뼈, 턱선을 변형하는 수술 기법들이 자연스러운 혼혈 얼굴을 구현하기 위한 맞춤형 성형으로 상품화되고 있다. 혼혈 얼굴은 서구적 미에 대한 각색과 변형, 어리고 유순한 여성상의 강조, 비백인 인종에 대한 혐오 정서를 흡수하면서 팽창하는 중국 미용성형 시장의 얼굴이다.

epilogue

이 연구는 중국 미용성형 문화를 신자유주의 중국 사회의 맥락에서 탐색하여 중국의 여성 뷰티 이상과 의미를 분석하고 있다. 신자유주의 중국 사회는 포스트 마오시대 중국 특색의 사회주의 시장경제를 가리킨다. 연구를 위해 미용성형과 중국의 젠더 담론, 국가 정체성, 글로벌 소비문화를 탐색했고, 신자유주의 중국에서 여성의 미용성형 실천과 그 함의를 좀 더 깊이 있게 이해하고자 했다. 연구 방법은 텍스트 분석과 심층 면접을 활용했다. 중국 내 뷰티 이데올로기의 변화와 중국·한국의 미용성형 산업의 지형, 셀러브리티와 미용성형 등을 탐색하기 위해 중국 내 언론보도와 방송, 인터넷 게시글들을 조사했다. 중국 연구자들의 선행 연구들은 미용성형과 관련한 중국의 역사적·사회적 상황들을 이해하고 분석하는 데 많은 도움이 되었다. 중국 젊은 세대 여성들과의 심층 면접으로 미용성형 동기와 경험, 의미에 대해 생생하게 들을 수 있었다. 첫 번째 인터뷰이였던 청린이 던진 '오만한 서구' 화두에서 시작하여 마지막 인터뷰이인 레이가 원하는 '혼혈 얼굴'까지 따라가면서, 현대 중국 사회에서 이상적 미의 기준과 여성상이 어떠한 양상으로 생성되고 소비되는지 통찰할 수 있었다. 연구를 통해 중국 여성의 미(美) 구성과 성형수술 실천을 미의 서구화 현상으로 보는 것은 서구 중심적 시선이며, 미(美)라는 것이 그 사회의 정치 경제적·사회문화적 변화들과 연관되는 지속적 협상 과정임을 간과했다는 생각을 하게 되었다. 현대 중국 사회에서 여성의 이상적 외모에 관한 규범들은 글로벌라이제이션의 흐름과 중국의 역사적·사회문화적 맥락의 접점에서 재구성된다.

주요 연구 결과와 함의를 정리하면 다음과 같다.

중국의 뷰티 이데올로기는 마오시대부터 현재에 이르기까지 중국 사회의 정치 경제적 전환과 밀접하게 연관되며 변화했다. 1949년 중화인민공화국 수립, 개혁개방정책과 샤강, WTO 가입과 글로벌 소비자본주의 문화의 유입은 중국 사회에서 여성미(美)의 개념과 실천, 의미를 변화시키는 주요한 정치 경제적 상황들이었다. 여성의 아름다움은 외모적 차원뿐만 아니라 이상적 여성상에 대한 규범을 생성하며 구성된다. 중국 근현대사에서 여성의 이미지는 중국 통치체제의 정당성과 발전된 위상을 대내

외에 알리는 표상으로 기능해 왔다. 마오시대 '철녀'는 중국 사회주의 체제의 정당성을 체현한 홍보물로 기능했고, 베이징 올림픽에서 치파오를 입은 미녀 도우미는 중국의 개방성과 선진성, 전통적인 문화적 가치를 함께 체현했다. 미녀경제와 대비되면서 창조된 중국의 현대적 여성상은 성공한 여성 이미지를 통해 재현되었고, 여성은 외면의 미뿐만 아니라 우아한 매너와 풍부한 지식, 대담함, 통찰력 등 현대적 버전의 내면의 미 모두를 갖춰야 한다는 점을 강조하고 있다.

중국 미용성형 산업은 내셔널리즘적 정서가 선명하게 드러나는 장이다. 마오시대 미용성형은 탄압의 대상이었으나, 개혁개방 이후부터 급격하게 성장하는 경로에 들어선다. 중국 특색의 시장경제로의 전환, 화장품 산업의 팽창, 글로벌 미디어의 유입 등 급격한 변화 속에 여성들은 자유, 개인성, 현대성의 표현으로 성형수술을 수용하기 시작했다. 의료에 시장 개념을 적용한 중국 정부의 정책 또한 미용성형을 부추기는 촉매제가 됐고, 미녀경제와 신자유주의적 몸 관리 정서는 미용성형 시장을 키우는 자양분이 됐다. "예쁜 얼굴은 쌀(돈)이 된다", "당신의 삶을 바꿀 변화를 만들어라"와 같은 메시지가 여성들의 성형 선택을 지지했다. 미용성형 수요가 급증했고 '만국기를 단 의사들'의 사진이 상기시키듯이 중국 미용성형 시장은 한국을 비롯한 초국적 의료

자본들이 시장 점유를 겨루는 격전지가 됐다.

중국 미용성형 수요의 급증 현상은 한국 의사들에게 차이나 드림과 같은 열망을 불러일으켰다. 2000년대 초반 한국 정부는 '메디컬 코리아'를 국가 브랜드로 내세우며 미용성형 산업의 해외 진출을 적극 지원했다. 의사들은 중국 시장을 개척하는 기업가로 변모했고, 성형관광과 원정성형, 현지 병원 개원을 추진했다. 그러나 미용성형의료는 중국의 내셔널리즘적 정서와 결합되면서 한국 미용성형에 대해 부정적 담론이 확산됐다. 한국 미용성형의 상업성과 위험성, 한국 정부의 무책임함을 부각하는 언론보도가 쏟아졌다. 여성들과의 인터뷰에서는 한국 미용성형 산업에 대해 호의적이지 않은 태도들이 감지됐다. 한국 성형외과는 상업적으로 운영되어 위험하고 개인의 특색을 지우는 똑같은 얼굴을 만드는 곳으로 폄하된다. 동시에 중국에도 한국 못지않게 우수한 성형외과가 많고 기술력이 발전했다는 이야기도 내세운다. 중국 미용성형 의사들이 한국 스타일을 차용하여 수술하면서 실속을 챙긴다는 점은 잘 알려져 있다. 중국 미용성형 기술에 대한 자부심 부상, 반한 감정 증가 등의 상황은 한국 미용성형 의료의 차이나 드림을 곤경에 빠뜨리고 있다.

중국의 현대적 여성상에 반영된 내셔널리즘과 현실과의 격차는 성형시장을 팽창시키는 주요한 추동력이다. 90후 세대 여성들의 미용성형 인식과 실천은 글로벌·아시아 뷰티경제의 영향과 중국의 문화적 내셔널리즘이 얽혀 있는 장 안에서 구성되고 있다. 글로벌라이제이션은 로컬의 사회문화적 맥락과 만나면서 적응과 변화를 거친다. 로컬의 내셔널리즘은 이 과정에 관여하는 주요한 변인이다. 중국 미용성형의 인식과 실천에서 나타나는 내셔널리즘적 정서는 '미의 서구화 시선에 대한 거부감', '중국 미용성형 기술의 자부심', '중국 현대 여성상의 재현'으로 집약된다. 연구의 첫 번째 인터뷰이였던 청린이 '서구가 오만하다'고 한 것은 비서구 여성의 미용성형 실천을 서구에 대한 동경과 모방으로 단순화하는 서구 중심적이고 관습적인 해석에 대한 반감을 나타낸다. 중국 여성들은 주체적으로 미용성형을 선택하며, 서구 여성들이 자유의지로 미용성형을 하는 것과 다르지 않다는 것이다.

중국이 글로벌 경제대국으로 부상한 현재, 코즈모폴리턴 도시에 걸맞은 화려하고 세련된 얼굴은 중국의 위상을 표상하는 재현물이다. 여성 셀러브리티들은 부와 인기, 화려함으로 대중의 이목을 집중시키는 한편, 이들을 둘러싼 미용성형 가십들은 미용성형의 가능성과 지식을 확산하고 있다. 셀러브리티의 이미지와 서사들이 외모에 국한되지 않는다는 점은 주목된다. 부자 남편과 결혼하는 왕푸샹, 임신·출산 후에도 여전히 섹시한 매력을 가진 '핫맘', 이국적인 인형 같은 얼굴, 수려한 외모와 당당함을 겸비한 여성 등은 현재 중국 사회에서 부유하는 이상적 여성상들이다. 성형 롤모델로 언급되는 여성 셀러브리티들은 미녀경제 판본의 가부장제적 이데올로기와 이를 돌파하고자 하는 젊은 세대 여성들의 욕망과 기대를 드러낸다.

젊은 세대 여성들의 미용성형 실천은 미에 대한 차별적 시선을 생성한다. 고급 얼굴과 저급 얼굴 이분법이 대표적이다. 고급 얼굴은 골상과 기질이 좋고 자기만의 특색이 있는 얼굴로 설명된다. 좋은 기질이란 전문적이고 독립적이며 강인함을 가리킨다. 중국의 전통적 여성상이나 서구적 여성상, 그리고 미녀경제에서 대상화되는 미녀와는 차별화된다. 왕훙 얼굴은 고급 얼굴과 대비되는 저급 얼굴이라고 일컬어진다. '청춘밥'과 같이 남성 관객이 흡족해할 만한 외모를 가져야 하는 장(長)에서 필요한 얼굴이다. 화면에서 돋보이고 다른 경쟁자를 제칠 수 있을 정도로 과장되게 예쁜 외모가 필요하기 때문이다. 대중적으로 예쁘다고 생각하는 이목구비를 모두 갖춘 얼굴이지만, 기술로 복제한 얼굴이라는 혐오와 비난을 받는다. 이 때문에 내가 만난 많은 여성이 성형은 했지만 성형한 티가 나지 않는 자연스러운 성형에 집착했다. 저급 얼굴로 일컬어지는 왕훙 얼굴은 중국의 성차별주의와 불평등을 드러내는 대표적 문제로 거론된다. 그러나 성차별주의와 불평등은 고급 얼굴과 관련한 이미지와 서사에도 스며 있다. 고급 얼굴과 저급 얼굴 모두 여성의 외모를 평가하여 가격을 매길 수 있다는 사고의 틀 안에 있기 때문이다. 따라서 여성은 보여지는 대상에서 자유롭지 않게 된다. 고급 얼굴은 현대적 버전의 내면의 미를 강조하며 본인의 특색을 외모에 드러내야 한다고 모호하게 주문한다. 여성에게 현대 중국에 어울리는 외면의 미와 내면의 미 모두를 갖춰야 한다는 중국의 오래된 미(美) 규범을 존속하게 한다.

최근 인기를 끌고 있는 혼혈 얼굴 성형은 서구적 미에 대한 각색과 변형, 어리고 유순한 여성상의 강조, 인종주의에 기반한 미 이데올로기를 활용하면서 팽창하는 중국 미용성형 시장의 현재를 집약하고 있다. 혼혈 얼굴 성형은 이상적으로 생각하는 서구 백인과 아시아인의 혼혈 얼굴을 지향한다. 서구 미인의 얼굴 특징을 그대로 모방한다면 부자연스럽고, 강하고 날카로운 인상을 풍길 수 있기 때문에 조심해야 한다고 지적된다. 혼혈 얼굴 성형은 중국 여성의 얼굴과 조화를 이루는 자연스러운 변화를 강조하며, 어리고 사랑스러우며 여성스러운 이미지를 이상적 여성상으로 내세운다. 과거 유럽 스타일과는 차별화되는, 중국 여성의 얼굴에 어울리는 적당한 입체감을 내세우며 더 다양한 얼굴 부위에 대한 과도한 수술적 개입들을 자연스러운 맞춤형 성형으로 범주화하고 있다.

한편, 중국 미용성형 문화는 중국 사회에 내재한 차별의 이데올로기에 기반하고 있다. 특히 미(美) 스펙트럼 외부에 있는 얼굴들, 어두운 피부, 낮고 넓은 코, 튀어나온 입을 촌스럽다고 표현하는데, 여기에는 인종주의에 기반한 혐오 정서가 스며 있다. 일상적 미용성형 담화에서 인종에 대한 문화적 이해 없이 이미지로 판단하고 비백인 인종의 외모를 비하하는 생각들을 스스럼없이 드러내곤 한다. 양치와 투치(세련된 얼굴과 촌스러운 얼굴)에 관한 설명에서 원시인 이미지는 흑인의 낮은 코를 인종적 특질로 본질화하고 미개함, 우둔함의 징후로 해석한 서구 인종 미학을 연상시킨다. 또한 혼혈 얼굴은 중국인의 시선으로 서구의 미를 판단하고 각색하며 변형하는 자율성을 과시하지만, 인종에 따른 외모 특질을 본질화하고, 흑인과 같은 비백인 인종의 외모를 비하하는 시각과 짝을 이루며 시장을 확장해가고 있다. 인종 이미지는 미용성형의 필요성과 기능을 설득하는 도구로 활용되고, 특정 인종이나 민족 등에 대한 본질화와 경시, 낙인에 대한 무감함을 생산한다는 점에서 우려된다.

이 연구의 한계는 연구에서 다루고 있는 시기와 대상에 있다. 연구는 2015년경에 시작되었는데 중국의 미용성형 붐이 팽창하고 한국과 중국 사이의 교류가 활발했던 시기였다. 중국 시장에 대한 한국 미용성형 관계자들의 관심과 기대 또한 컸던 시기였다. 연구에 활용한 많은 텍스트들은 해당 시기를 전후하여 수집된 것이다. 따라서 시진핑 정부에 의한 민영기업 통제, 미디어 감시, 공동부유 선언과 정풍운동, 애국주의의 부상과 한한령으로 인한 한국과 관계 단절 등 여파는 깊이 있게 다루지 못했다. 또한 연구의 대상이 젊은 세대 여성들로 국한되어 있고 중국 미용성형 시장에 참여하는 성형외과 의사나 기업가, 간호사 등 다양한 주체들에 대한 심층 면접 등 조사가 이루어지지 못했다. 이 연구가 중국 미용성형 문화와 현대 중국 여성의 이상적 미 기준과 여성상에 대한 초보적 화두를 던졌다고 보면 좋을 것 같다. 부족하지만 이 연구가 글로벌과 로컬의 접점에서 미 규범과 실천들이 어떻게 변화되는지, 그리고 로컬 여성성의 재현과 형성에 어떠한 영향을 주고받는지 탐색하는 연구들로 이어지기를 기대한다.

감사의 글

먼저 이 책의 집필 계기를 마련해 주신 아모레퍼시픽재단과 아시아의 미 운영위원회 여러 선생님께 감사드린다. 연세대학교 문화인류학과 김현미 선생님은 한국 미용성형의 소비자/환자를 주제로 학위논문을 썼던 나에게 아시아 뷰티경제 맥락에서 중국 미용성형 문화를 연구할 수 있도록 기회를 주셨고 격려해 주셨다. 여러 선생님의 관심과 지원 덕분에 관심 분야 연구를 할 수 있는 행운을 누렸고, 통찰력 있는 자문으로 내가 가진 질문을 확장하고 연구를 진척시킬 수 있었다.

이름을 나열할 수는 없지만 한국의 낯선 연구자에게 본인들의 이야기를 들려준 중국의 20대, 30대 여성 인터뷰이들은 내가 가장 큰 빚을 진 이들이다. 이들은 중국의 이상적 여성상과 미 기준과 관련한 담론들, 본인의 미용성형 계기와 경험, 자기 해석들을 생생하게 들려주었다.

연구를 도와준 문화연구자 펑진니에게는 특히 고마움을 전한다. 펑진니는 연세대학교 대학원 문화학협동과정의 동료이며, 중국 한류 여성 팬덤에 관하여 학위논문을 썼다. 중국의 미용성형 담론과 성형 롤모델에 관한 자료들을 찾고 번역해 주었으며, 인터뷰이를 섭외하고 면접을 진행했다. 또한 인터뷰이들이 사용한 단어나 이미지의 출처를 조사하고 관련한 중국 사회의 분위기를 상세하게 설명해 주는 등 연구에 기여했다. 상하이 현지 조사가 가능하도록 전반적으로 도움을 준 진호와 중국, 한국에서 통역을 맡아 준 예랑, 소항, 상열에게도 고마운 마음을 전한다.

나임윤경 선생님, 이지은 선생님 그리고 대학원 친구들은 내가 페미니스트 문화연구자로서 사유하고 글을 쓸 수 있도록 이끌어 주고 지지해 주는 힘이다. 연구 과정에서 막히는 단어나 상황들에 나만큼이나 관심을 보이며 대화에 참여했고 도움이 될 만한 자료와 논문을 발견하면 공유해 주었다. 연구는 고된 과정이지만 선생님과 친구들 덕분에 기운을 낼 수 있었다.

예상보다 긴 연구 과정을 묵묵히 지켜봐 준 가족, 창우, 상준에게 고마움을 전한다. 변함없는 지지와 조용한 배려 덕분에 책을 마무리할 수 있었다. 책 출간을 누구보다도 기뻐하실 부모님께도 고맙다는 말씀을 드리고 싶다.

끝으로 책의 출간에 애써 준 서해문집 편집부에 고마운 마음을 전한다. 여러 차례 교정하면서 글을 수정하고 사진을 추가하는 수고를 해 주셨다. 책의 내용이 좀 더 정리되고 내용을 보완하는 이미지가 담긴 것은 서해문집 편집부의 너그러운 배려와 인내심 덕분이다.

책을 마무리하는 시점에서 여러 가지 부족함과 아쉬움을 느낀다. 조사와 분석에서 미흡한 부분은 전적으로 저자의 책임이며, 연구에 담지 못했거나 진전시키지 못한 지점들이 누군가에게 새로운 질문과 연구를 출발하는 시작점이 되기를 희망한다.

주

prologue

1 《2017年医美行业白皮书(2017년 의료미용 산업 백서)》, 신양(新氧), 2017.
http://36kr.com/p/5087273.html

2 Brownell, Susan, "China Reconstructs: Cosmetic Surgery and Nationalism
in the Reform Era," *In Asian Medicine and Globalization*, ed. Joseph
Alter, Pittsburgh: University of Pittsburgh Press, 2005, pp.132~150; Meng
Zhang, "Beauty Pageants in Neoliberal China: A Feminist Media Study
of Feminine Beauty and Chinese Culture," (Doctoral dissertation), The
University of Florida, 2013.

3 Eugenia Kaw, "Medicalization of Racial Features: Asian American
Women and Cosmetic Surgery," *Medical Anthropology Quarterly* 7(1),
1993; 엘리자베스 하이켄 지음, 권복규·정진영 옮김, 《비너스의 유혹:
성형수술의 역사》, 문학과 지성사, 2008.

4 Lee, Sharon Heijin, "Lessons from "Around the world with Oprah":
Neoliberalism, race, and the (geo)politics of beauty," *Women &*

Performance: a journal of feminist theory 18(1), 2008.

5 Brownell, Susan, 앞의 책, 2005, pp.132~150.

6 Meng Zhang, 앞의 논문, 2013.

1. 중국 뷰티 이데올로기의 변화

1 1919년 5·4 운동, 1976년 문화대혁명을 종결지었던 4·5 운동, 1989년 개방과 자유화를 요구했던 천안문 사태 등이 있다. 다이진화 지음, 오경희 외 옮김, 《숨겨진 서사: 1990년대 중국대중문화 읽기》, 숙명여자대학교 출판부, 2006, 353~357쪽.

2 중국 선전 포스터 이미지는 Chinese Posters Foundation이 운영하는 중국 선전 포스터 온라인 전시관 CHINESEPOSTERS.NET에서 가져왔다. http://chineseposters.net

3 Barbara E. Hopkins, "Western Cosmetics in a gendered development of consumer culture in China", *Feminist Economics* 13(3-4), 2008, p.289.

4 사비오 챈·마이클 자쿠어 지음, 홍선영 옮김, 《중국의 슈퍼 컨슈머: 13억 중국 소비자는 무엇을 원하는가》, 부키, 2015, 125쪽.

5 니엔쳉은 중국 문화혁명이 시작되던 시기 국제석유회사 쉘사의 상하이 지사에서 일했다. 신중국 수립 이후 많은 자본가가 중국을 빠져나갔지만 중국에 남는 것을 선택했던 그녀는 문화혁명이 시작되자 외세에 협력한 자본가로 탄압의 대상이 됐고 《상하이의 삶과 죽음》은 당시의 경험을 쓴 자서전이다. 니엔쳉 지음, 박미숙·박국용 옮김, 《상하이의 삶과 죽음》, 금토, 2016.

6 니엔쳉 지음, 박미숙·박국용 옮김, 위의 책, 2016.

7 니엔쳉 지음, 박미숙·박국용 옮김, 위의 책, 2016.

8 Louisa Schein, "The Consumption of Color and the Politics of White

Skin in Post-Mao China," *SocialText*, No. 41, 1994, p.147.

9   Barbara E. Hopkins, 앞의 논문, 2008, p.190.

10 Louisa Schein, 위의 논문, 1994, p.147.

11 샤강은 일시적으로 휴직하는 대신 생계보조비를 지급하는 조치였는데 재고용될 가능성은 거의 없고 생계보조비도 너무 적어 사실상 실업을 의미했다.

12 Wen Hua, Buying Beauty: *Cosmetic Surgery in China*, Hong Kong University Press, 2013, p.100.

13 전국부녀연합회는 1949년 중국부녀대표자대회 이후 결성된 중화전국부녀연합이 전신이다. 1957년 이름을 바꾼 이 조직은 중국에서 여성을 대표하는 유일한 공적 조직이다. 1949년 여성을 동원하고 조직하여 경제 건설을 위한 생산사업에 참가시키는 것을 목적으로 세워졌다. 문화혁명 시기에 붕괴되었다가 1978년 여성 권리의 옹호자처럼 비치며 재건됐다. 1995년에는 제4회 국제연합 세계여성회의의 NGO 포럼을 주관했다. 이정구, 〈중국 여성의 불평등한 현실〉, 《노동자 연대》 2016년 8월 31일. https://wspaper.org/article/17611

14 다이진화 지음, 배연희 옮김, 《성별중국: 중국 영화와 젠더 수사학》, 여이연, 2009.

15 Barbara E. Hopkins, 앞의 논문, 2008.

16 Barbara E. Hopkins, 앞의 논문, 2008.

17 Barbara E. Hopkins, 앞의 논문, 2008.

18 홍콩대학교의 키네타 헝과 스텔라 이안 리는 2004년 판매량이 가장 많았던 중국 잡지와 글로벌 잡지의 여성 이미지를 분석했다. Hung, Kineta & Li, Stella Yiyan, "Images of the Contemporary Woman in Advertising in China," *Journal of International Consumer Marketing* 19(2), 2006.

19 Xu & Feiner, "Meinu Jingji/China's beauty economy: Buying looks,

shifting value, and changing place," *Feminist Economics* 13(3-4), 2007.

20 Xu & Feiner, 위의 논문, 2007.

21 〈중국에 부는 미녀대회 열풍〉, 'KBS 뉴스', KBS, 2003년 12월 7일.

22 Wei Luo, "Aching for the altered body: Beauty economy and Chinese women's consumption of cosmetic surgery," *Women's Studies International Forum* 38, 2013, p.215.

23 Wei Luo, 위의 논문, 2013, p.215.

24 이 외에 "눈의 길이는 얼굴의 10분의 3을 차지하고 눈썹과 눈 사이의 거리는 얼굴의 10분의 1, 코의 넓이는 얼굴 너비의 10분의 1, 입의 넓이는 눈동자 사이의 거리와 동일해야 하고 턱의 길이는 얼굴 길이의 6분의 1이어야 한다"라는 기준도 제시됐다. Wen Hua, 앞의 책, 2013.

25 Barbara E. Hopkins, 앞의 논문, 2008, p.291.

26 Cheng Ying, "China goes for beauty contests in a big way," *Chinese Education and Society* 27(4), 1993, p.67.

27 Eileen Otis, "China's Beauty Proletariat: The Body Politics of Hegemony in a Walmart Cosmetics Department," *Positions East Asia Cultures Critique* 24(1), 2016, p.155.

28 하오루루의 사례는 2장에서 다룬다.

29 《중국부녀》 분석은 Wei Luo의 학위논문 "Aching for the Modern Body: Chinese Women's Consumption of Cosmetic Surgery"에 기초하여 작성했다. Wei Luo, "Aching for the Modern Body: Chinese Women's Consumption of Cosmetic Surgery," (Doctoral dissertation), The University of Utah, 2008, pp.105~153.

30 Wei Luo, 위의 논문, 2008.

31 미국 브랜드 Avon은 화장품 방문판매원을 통한 판매로 유명했는데 Avon Lady를 지칭하는 단어다.

32 Wei Luo, 앞의 논문, 2008.

33 중국계 미국인으로 TV 진행자이며 동양 여성의 피부 타입과 얼굴 특성에
    맞는 화장품을 개발했고 2000년대 자신의 이름을 딴 회사를 중국에
    설립했다.

34 Wei Luo, 앞의 논문, 2008, pp.119~120.

35 Johanson, S., *Chinese women and consumer culture: Discourses on
    beauty and identity in advertising and women's magazines, 1985-1995*,
    Stockholm universitet, 2005: Wei Luo, 앞의 논문, 2008 재인용.

36 〈[중국여성 들여다보기(9)] 중국 미디어계의 거인 '양란'〉,《여성신문》
    2005년 5월 12일. https://www.womennews.co.kr/news/
    articleView.html?idxno=11928

37 Wei Luo, 앞의 논문, 2008, pp.124~125.

38 중국 사회가 수용하는 여성 이미지는 결혼해서 아이가 있으며 강한 중국을
    상징하는 여성이다.

39 중국 정부는 '페미니스트 파이브'로 알려진 다섯 명의 페미니스트 운동가를
    구속했고, 이 소식은 소셜 미디어를 타고 세계 곳곳으로 퍼져 나가 국제
    인권 단체와 세계 여러 리더로부터 격렬한 항의를 촉발했다. 이들은
    37일 동안 구금된 후 풀려났으나 중국 정부의 감시를 받고 있다. 이후
    '페미니스트'는 중국 정부의 인터넷 검열 단어에 포함되었다. 리타 홍 핀처
    지음, 윤승리 옮김,《빅브라더에 맞서는 중국 여성들》, 산지니, 2020.

40 〈China's feminists stand up against 'misogynistic' TV gala〉,《The
    Washington Post》 2015년 2월 25일.

41 〈The rise of nu han zi in China: Manly ladies who challenge China's
    traditional female image〉,《ChinaFile》 2013년 9월 11일. https://
    www.chinafile.com/links/Many-Ladies-Challenge-Chinas-Traditional-
    Female-Image

1 중국 성형수술 발전에 관한 역사적 사실은 웬 후아(Wen Hua)의 저서
Buying Beauty: Cosmetic Surgery in China(2013) "1. The Cultural
History of Plastic Surgery China"를 중심으로 작성했다.

2 PUMC는 영국과 미국 선교사들이 록펠러 재단의 지원을 받아 설립한
중국 최초의 의학대학이다.

3 Zhang Disheng(張滌生), 現代美容外科之我見(My View on Modern
Cosmetic Surgery), 中國實用美容整形外科雜誌(Journal of Practical Aesthetic
and Plastic Surgery) 16: foldout, 2005: Wen Hua, 앞의 책, 2013 재인용.

4 송 루야오(1914~2003)는 중국 성형의학의 아버지라고 불린다. 1914년
랴오닝성 출신으로 1942~1948년 미국 펜실베이니아 대학에서 수학했고
박사학위를 받은 후 1948년 귀국했다. 중국 성형수술 학계의 창립자였던
그는 문화혁명 시기 '반동 지식인'으로 낙인찍혔고 문화혁명이
종식되기까지 20여 년간 수술을 가르치거나 할 수 있는 권리 모두를
박탈당했다. 문화혁명 이후 중국 성형의학 발전을 위해 노력한 대표적
학자이자 의사다. 2003년 그가 림프종으로 투병하다가 유명을 달리하자,
그와 오랜 기간 교류하며 관계를 맺었던 미국 성형외과 의사들은 그를
추모하는 글을 미국성형외과 학회지에 실었다. McCarthy, Joseph G.
& Randall, Peter, "Professor Ruyao Song, 1914 to 2003," *Plastic and
Reconstructive Surgery* 113(1), 2004.
https://journals.lww.com/plasreconsurg/fulltext/2004/01000/Professor_
Ruyao_Song_1914_to_2003.78.aspx

5 Zhang, Disheng, 앞의 논문, 2005; Brownell, Susan, 앞의 책, 2005: Wen
Hua, 앞의 책, 2013, Chap. 1. 재인용.

6 Wang Wei, 中國整形美容外科的歷史和發展 (The History

and the Development of Chinese Plastic and Cosmetic Surgery),

中華醫學美學美容雜誌(Chinese Journal of Medical Surgery). Aesthetics and

Cosmetology) 13(1), 2007: Wen Hua, 앞의 책, 2013 재인용.

7   Zhang Disheng(張滌生), 我國美容外科發展及現狀(The

Development and Current Situation of Cosmetic Surgery in

China).中華醫學美學美容雜誌(Chinese Journal of Medical Aesthetics and

Cosmetology) 9(4), 2003: Wen Hua, 앞의 책, 2013 재인용.

8   이러한 속설은 보조개를 그리는 화장법의 유래 때문인 것 같다. 뺨에 붉은
점을 찍는 보조개 화장법은 삼국시대 오나라 손화(孫和)의 등(鄧)부인이
기원이라고 한다. 손화는 등부인을 상당히 총애했는데 실수로 등부인 왼쪽
뺨에 상처를 입혀 얼굴에 붉은색 흔적이 남았다. 그것이 더 아름답게 보여
많은 시녀가 총애를 받고자 모방했다고 한다. 박춘순·정복희, 〈연지化粧
연구, 2: 中國에서의 연지화장 傳播와 樣相〉, 《한국생활과학회지》, 15-3,
2006, 428쪽.

9   Meng Zhang, "A Chinese beauty story: how college women in China

negotiate beauty, body image, and mass media," *Chinese Journal of
Communication* 5(4), 2012, p.439.

10   Wen Hua, 앞의 책, 2013.

11   Wu, Hao(吳昊), 中國婦女服飾與身體革命(The Revolution of Chinese

Women's Clothing and Body). 5 上海:東方出版中心(Shanghai: The Orient

Publishing Center), 2008 : Wen Hua, 앞의 책, 2013 재인용.

12   Wen Hua, 앞의 책, 2013 재인용.

13   X Zhao & R W Belk, "Advertising Consumer Culture in 1930s Shanghai:

Globalization and Localization in Yuefenpai," *Journal of Advertising*
37(2), 2008, p.46.

14   X Zhao & R W Belk, 위의 논문, 2008, p.46: Wen Hua, 앞의 책, 2013

재인용.

15 담배 광고는 1910~1920년대에 제작된 것으로 보인다. 가는 눈썹과
    좁은 눈 모양, 가슴이 강조되지 않는 의상 등 전통적 중국의 미적 취향이
    분명하게 보인다. 1930~1940년대에 그려진 것으로 보이는 이후 이미지는
    쌍꺼풀이 있는 큰 눈, 높은 콧날, 풍만한 몸매의 모델들이다.

16 Gao, Yunxiang, "Nationalist and Feminist Discourses on Jianmei(Robust
    Beauty) during China's 'National Crisis' in the 1930s," *Gender and History*
    18(3), 2006.

17 상하이 지역에서 유행한 치파오는 스타일의 변화가 풍부하고 곡선미를
    표현하는 입체재단, 높은 스탠드칼라, 다양한 여밈, 매듭단추, 양쪽
    옆트임, 주로 짧은 소매나 민소매를 사용했다. 여성들은 파마머리에
    가죽 구두를 신고 서양에서 수입한 얇은 스타킹을 착용했다. 오박지,
    〈1920년-1930년대 중국 경진지역과 상해지역의 여성 치파오 디자인
    연구〉, 동명대학교 석사학위 논문, 2011, iii.

18 Xu & Feiner, 앞의 논문, 2007, pp.312~313: Wen Hua, 앞의 책, 2013
    재인용.

19 Wen Hua, 앞의 책, 2013.

20 Brownell, Susan, 앞의 책, 2005, p.138: Wen Hua, 앞의 책, 2013 재인용.

21 〈Costs of Face Consciousness: More beauty seekers choose to ignore risks
    in China's plastic surgery craze〉,《Beijing Review.com.cn.》2012년 4월
    5일.
    http://www.bjreview.com.cn/health/txt/2012-03/31/
    content_446018.htm

22 〈COSMETIC SURGERY ALTERS FACES OF POST-
    MAO CHINA〉,《Chicago Tribune》1989년 1월 24일. http://
    articles.chicagotribune.com/1989-01-24/news/8902270915_1_nose-

jobs-cosmetic-surgery-eyes

23 1989년 환율 기준 8740원.

24 Barbara E. Hopkins, 앞의 논문, 2008, p.293.

25 Wei Luo, 앞의 논문, 2013, p.75.

26 Wei Luo, 앞의 논문, 2013, p.75.

27 Wen Hua, 앞의 책, 2013.

28 〈Women goes under knife for 'beauty'〉, 《China Daily》 2003년 7월 24일. http://www.chinadaily.com.cn/en/doc/2003-07/24/ content_248140.htm

29 Wen Hua, 앞의 책, 2013.

30 사비오 챈·마이클 자쿠어 지음, 홍선영 옮김, 앞의 책, 2015.

31 앞의 기사, 《China Daily》 2003년 7월 24일.

32 상하이 쑹장에 살면서 한국에서 보톡스와 필러 시술을 받은 메리는 "상하이에는 성형외과가 많지 않다. 제일 유명한 나인쓰 병원 외에는 믿을 수 있는 곳이 없다"라고 말했다.

33 〈15조원대 中성형시장, 한국 의료기관에 '기회'〉, 《헬스코리아 뉴스》 2016년 4월 19일. http://m.hkn24.com/news/ articleView.html?idxno=154999

34 〈솔직 후기로 대박난 중국의 성형 사이트〉, 《머니투데이》 2018년 4월 19일. https://news.mt.co.kr/mtview.php?no=2018041913441131834

35 〈[오광진의 중국 기업 열전 15] 온라인 의료·미용 서비스 업체 신양커지〉, 《이코노미조선 300호》 2019년 5월 20일. http://www.economychosun.com/client/news/view.php?boardName=C 12&t_num=13607059

36 〈강국·전환·정의·공평 ⋯ 시진핑 시대 중국을 읽는 키워드〉, 《중앙일보》 2012년 11월 9일.

https://www.joongang.co.kr/article/9836220#home

37 Alexander Edmonds, "Can Medicine Be Aesthetic? Disentangling Beauty
    and Health in Elective Surgeries," *Medical Anthropology Quarterly* 27(2),
    2013.

3. 한국 미용성형 산업의 열망과 곤경

I   K원장과의 이메일 인터뷰는 2015년에 이루어졌다.

2   〈'서구 미인'에 대한 반란인가?〉,《한겨레》2005년 10월 21일.
    http://www.hani.co.kr/arti/PRINT/73275.html

3   Ruth Holliday & Joanna Elfving-Hwang, "Gender, Globalization and
    Cosmetic Surgery in South Korea," *Body & Society* 18(2), 2012.

4   태희원,《성형》, 이후, 2015.

5   조정래,《정글만리 1》, 해냄, 2013.

6   http://www.360doc.com/content/14/0919/11/18960088_410664143.sh
    tml

7   http://www.8682.cc/page/zxly/

8   중국의 온라인 쇼핑 웹사이트로 알리바바 그룹이 운영하는 오픈 마켓.

9   http://dolovme.com/

10 '성형제국의 여왕: 그녀는 왜 자취를 감췄나?', 〈그것이 알고 싶다〉 1110회,
    SBS, 2018년 2월 3일.
    https://programs.sbs.co.kr/culture/unansweredquestions/
    vod/4020/22000261054

11 태희원,《미용성형의료 네트워크의 재구성과 소비자/환자 주체의 형성》,
    연세대학교 박사학위 논문, 2011.

12 〈아무도 모르는 국가자격증? 국제의료관광코디네이터〉,《주간동아》

2016년 7월 20일.

https://weekly.donga.com/List/3/all/11/539911/1

13 A 피부과에는 메이린 외에 중국인 통역 아르바이트가 1명 더 있다. 메이린은 월요일과 금요일에 출근하며 오후 2시부터 7시까지 근무한다. 가끔 토요일에 출근할 때도 있다. 보수는 시간당 10000원이라고 했다. 일을 시작할 때 7000원이었는데 한 달 전에 올랐다고 했다.

14 《一个韩国医生眼中的中国式整容(한국의사가 본 중국식 성형)》, 黄寅守, 《视野》2006년 6월.

15 Wei Luo, 앞의 논문, 2008.

16 〈"김희선 얼굴처럼…" 中, 한국 뺨치는 "성형 바람"〉, 《노컷뉴스》 2007년 3월 12일.

https://www.nocutnews.co.kr/news/262396

17 Wei Luo, "Selling Cosmetic Surgery and Beauty Ideals: The Female Body in the Web Sites of Chinese Hospitals," *Women's Studies in Communication* 35(1), 2012, pp.68~95.

18 〈중국에 진출한 SK아이캉 병원이 망한 이유는 바로…〉, 《청년의사》 2015년 11월 18일.

http://www.docdocdoc.co.kr/185383

19 《글로벌타임스(Global Times, 环球时报)》2004년 5월 26일.

20 《인터내셔널 헤럴드 리더(International Herald Leader, 国际先驱导报)》, 2005년 7월.

21 위의 기사, 《인터내셔널 헤럴드 리더》 2005년 7월.

22 《신화망(新华网)》2012년 1월 12일.

23 〈[월드@나우]너무 예뻐졌나… 입국심사 걸린 중국 연예인〉, 《중앙일보》 2009년 12월 19일.

24 한화 2600만 원 정도.

25 〈【活着】整形浩劫(성형의재) (上), (下)〉,《QQ.com》2015년 7월 16일~17일 참조.

26 위의 기사,《QQ.com》2015년 7월 16일~17일.

27 위의 기사,《QQ.com》2015년 7월 16일.

28 S. Heijin Lee, Christina H. Moon & Thuy Linh Nguyen Tu, *Fashion and Beauty in the time of Asia*, NYU Press, 2019, p.74.

29 피부가 하얗고 돈이 많고 예쁜 여자를 뜻하는 단어다.

4. 셀러브리티 경제와 성형

1 〈궈징징, 홍콩재벌 3세 휘치강과 11월 웨딩마치〉,《스포츠한국》2008년 10월 24일.

2 〈휘치강-궈징징 호화 결혼은 집안내력?〉,《헤럴드경제》2012년 11월 7일. http://biz.heraldcorp.com/view.php?ud=20121107000487&cpv=1

3 〈郭晶晶旺夫相成整容标准 跳水皇后或成追捧模板〉,《天府早报》 2010년 1월 5일.
   http://sports.sohu.com/20100105/n269378903.shtml

4 〈霍家为何看中郭晶晶 "百年一遇"旺夫相 (图)〉,《新浪女性》2012년 11월 12일.

5 중국어 발음으로는 쉬시디이며 한자 이름은 서희제다. 한국에는 대만판 〈꽃보다 남자〉 여주인공이었던 서희원이 더 많이 알려져 있다. 쉬시디는 친언니와 SOS라는 그룹으로 데뷔했고 '소(小)S'로 더 광범위하게 알려져 있다.

6 〈她们都曾是整容模板〉,《明星资讯》2015년 4월 14일.
   http://ent.qq.com/a/20150414/064882.htm#p=8

7 한 예능 프로그램에서 염소가 MC를 포함한 여러 게스트 중에 양미의

발만 계속 핥는 바람에(염소는 단맛과 짠맛에 예민하다고 한다) 사람들이 양미에게 '처우쟈오(臭脚, 악취 나는 발)'라는 별명을 붙였다. 이런 조롱을 잘 알고 있듯이 결혼 전날 양미는 자신의 웨이보(微博)에 "오늘은 경사스러운 날이니까 신부는 이미 결혼 신발을 바꿨어요. 여러분, 걱정하지 마세요"라고 글을 올렸다. 크리스마스 즈음에는 "산타 할아버지가 선물을 나눠 주다가 북경의 한 여자 연예인 집에서 그녀가 준비한 양말 냄새를 맡아 기절했다"라는 글에 "산타 할아버지 괜찮으세요?"라고 리트윗하기도 했다. 자신의 결점을 솔직히 인정하면서 유머로 승화시키는 것을 중국에서는 '쯔헤이(自黑)'라고 한다. '자흑'이라고 해서 스스로 오점을 준다는 뜻이다. 양미는 쯔헤이를 똑똑하게 활용해 대중의 호감을 얻었다. 양미는 2018년 이혼 소식을 전했다.

8 그녀는 두 번의 결혼 후 아이 셋과 함께 살고 있다. 2015년에는 가상 연애 프로그램에서 12살 연하 배우와 촬영한 후 두 사람이 진짜 사귄다고 밝혀 화제가 됐다. 중리티는 "사랑에는 경계가 없어요. 나이나 국적이나. 제일 중요한 건 호흡이 잘 맞아야 해요. 어떤 나이에도 사랑이 필요해요. 40대 여자가 60대 남자와 만나야 하나요? 나이가 중요하지 않아요. 두 사람이 서로 사랑하는 게 제일 중요하죠"라고 웨이보에 글을 올렸다. 그녀의 글에는 "용감한 엄마", "40대인데도 여전히 여신", "남의 말에 신경 쓰지 말아요. 두 사람을 응원합니다", "감애감한(敢爱敢恨, 사랑을 하려면 화끈하게 하고 싫어하면 확실하게 싫어한다고 표현하는 직설적인 사람)한 여자"와 같은 댓글이 달렸다.

9 〈강희래료〉는 2004년 1월부터 2016년 1월까지 방영됐다.

10 沈奕斐, 〈辣妈: 个体化进程中母职与女权(Super-Hot Moms:Motherhood and Women's Right in the Individualization Era)〉,《南京社会科学》2, 2014.

11 沈奕斐, 위의 논문, 2014, 71쪽.

12 沈奕斐, 위의 논문, 2014, 71쪽.

13 바이두(Baidu, 百度)는 인터넷 검색 포털 사이트 이름이며 동시에 해당 서비스를 제공하는 중국의 인터넷 기업명이다. 바이두는 2000년 창립됐고 알리바바, 텐센트와 함께 중국 3대 IT 기업으로 꼽는다.

14 바이두에서 제공하는 커뮤니티 서비스다. 티에바(贴吧)는 인터넷 게시판을 뜻한다.

15 〈百度贴吧发布90后辣妈报告 房事小三成新生代妈妈热议焦点〉, 《山西新闻网》2015년 5월 11일.

http://news.sina.com.cn/o/2015-05-11/151831818243.shtml

16 沈奕斐, 앞의 논문, 2014, 78쪽.

17 《Shanghai Daily》2011년 2월 22일.

18 沈奕斐, 앞의 논문, 2014, 76쪽.

19 〈성형관광 중국인, 가장 닮고 싶은 스타는? 판빙빙 이영애〉, 《TV Report》 2014년 11월 20일.

http://tv.tvreport.co.kr/?c=news&m=newsview&idx=607392

20 판빙빙은 2018년 5월 탈세 혐의로 벌금을 냈고 공식적 방송 활동을 하지 않고 있다. 2020년 광군제 때 자신이 설립한 회사의 마스크팩을 판매했는데 하루 만에 1억 위안의 매출을 기록했다. 〈'탈세 혐의' 판빙빙 1000억원대 벌금 "모두 수용하겠다"〉, 《한겨레》 2018년 10월 3일.

21 Lynn Hirschberg, 《W 매거진》 2013년 11월.

22 Lynn Hirschberg, 《W 매거진》 2013년 11월.

23 Guo, Jianfeng, Fan Xiaofeng & Cai Renhua .上海今起招募奧運頒獎小姐(Shanghai Started to Recruit Ceremony Hostesses of the Olympics). 新民晚報(Xinmin Evening News), February 13, A01-A022. 2008 : Wen Hua, 앞의 책, 2013 재인용.

24 〈"판빙빙 얼굴로" 1억4천만원 들여 성형한 여성〉, 《위키트리》 2016년 3월 30일.

http://www.wikitree.co.kr/main/news_view.php?id=254638

25 〈Angelababy nails another publicity opening〉,《South China Morning Post》2011년 1월 11일. https://www.scmp.com/article/735380/angelababy-nails-another-publicity-opening

26 눈, 코, 입, 귀, 피부 또는 마음을 뜻하며 용모와 생김새를 말한다. '오관부정(五官不正)'은 '오관에 결함이 있다'는 뜻으로도 쓰이지만 '용모가 단정하지 않다'는 뜻으로 주로 쓰인다.

27 중국 저장 TV의 예능 프로그램으로 한국 예능 프로그램 〈런닝맨〉 포맷을 따랐다.

28 뉘한즈는 직역하면 여자 사나이, 남자 같은 여자라는 뜻이다. 뉘한즈에 관해서는 1장을 참조.

29 〈'안젤라 베이비' 성형 여부 검진 결과〉,《위키트리》2015년 10월 15일. http://www.wikitree.co.kr/main/news_view.php?id=235958

30 더글라스 켈너 지음, 김수정·정종희 옮김,《미디어 문화》, 새물결, 2003; 정혜란, 〈이효리를 통해 본 한국의 셀러브리티 문화와 여성성〉, 서울대학교 석사학위 논문, 2018 재인용.

5. '더 아름다운 얼굴' 만들기

1 Limei Hoang, 〈What's Driving the Goldrush for Korean Beauty Brands?〉, 《The Business of Fashion》2016년 7월 24일. https://www.businessoffashion.com/articles/beauty/south-korean-beauty-brands-goldrush-investment-carver-lvmh/; S. Heijin Lee, Christina H. Moon & Thuy Linh Nguyen Tu, 앞의 책, 2019, p.2에서 참조.

2 Jaehee Jung, "Young Women's Perceptions of Traditional and

Contemporary Female Beauty Ideals in China," *Family and Consumer Sciences Research Journal* 47(1), 2018, pp.56~72.

3   〈[Startup's Story #360] 중국 1등 뷰티앱을 만든 서른 살 창업가, "왕훙 2.0 시대, 달라야 살아남는다"〉, 《Platum》 2017년 9월 14일.

4   S. Heijin Lee, Christina H. Moon & Thuy Linh Nguyen Tu, 앞의 책, 2019; Emily Raymundo, "Beauty Regimens, Beauty Regimes: Korean Beauty on Youtube," In *Fashion and Beauty in the Time of Asia*, NYU Press, 2019.

5   왕훙(网紅)은 '인터넷(网络)에서 인기 있는 사람(紅人)'을 뜻하는 '왕뤄훙런'을 줄인 말이다. 웨이보(微博)나 위챗(微信) 등 중국 SNS를 통하여 사람들과 소통하며, 이들의 발언이나 추천하는 제품에 대한 대중의 신뢰도가 높기 때문에 기업들은 왕훙 마케팅을 적극적으로 활용하고 있다.

6   더우인(抖音)은 15초에서 10분 길이의 짧은 영상을 제작하고 공유하는 앱이다. 제작사는 틱톡(TikTok)과 같은 중국 IT 기업 바이트댄스다. 중국 내부에서 제공되는 더우인에는 중국 정부의 검열 기능이 탑재되어 있다.

7   샤오훙수(小红书)는 2013년에 설립된 스타트업이고 중국의 소셜네트워크(SNS)를 표방한 온라인 쇼핑몰이다. 자신이 써 봤던 뷰티, 일상, 해외 각국의 상품, 맛집, 문화생활 등을 리뷰하고 추천할 수 있는 플랫폼으로 중국판 인스타그램으로 불린다.

8   뷰티 블로거는 메이좡보주(美妆博主)의 번역어다. 메이크업을 뜻하는 메이좡(美妆)과 블로그 주인 보주(博主)를 합성한 단어로 메이크업 제품들을 소개하는 블로그를 운영하는 사람이라는 뜻이다.

9   한화 1800여만 원.

10 화장품과 같은 제품 사용 후기는 즐겨 보는 드라마, 여행, 맛집, 반려견과 같은 본인의 일상 소개와 함께 섞여 있다. 화장품뿐 아니라 눈썹 파마 살롱, 피부과, 시계, 향수 등 다루는 범위가 넓고 장소도 한국과 중국을 오간다.

한국 서울의 피부 관리 숍 방문기를 쓰는가 하면 중국 베이징에 있는
속눈썹 파마 숍을 소개하는 식이다.

11 샌더 L. 길먼은 18세기 네덜란드 해부학자 피터르 캄퍼르가 "발견"한
안면각과 비지수(nasal index)가 인종의 우열을 가르는 정의로 활용되었다고
밝히고 있다. 안면각은 이마에서 코를 거쳐 윗입술을 연결하는 비지수와
턱에서 그은 수평선을 교차해서 만들어지는 각인데 캄퍼르는 이 선으로
인간과 다른 고등 영장류를 구분했다. 길먼은 캄퍼르를 현대식으로
해석하면 아프리카인들은 유인원에 가장 근접한 인상을 가지고 있으므로
가장 덜 아름답다고 설명한다.

12 샌더 L. 길먼(샌더 L. 길먼 지음, 곽재은 옮김, 《성형 수술의 문화사》, 이소출판사,
2003, 142쪽)은 디쾨터의 "Discourse of Race in Modern China(근대 중국의
인종 담론)"(1992)를 인용하여 19세기 중국에서 제기된 통일 "한족"의
인종 유형학을 거론하고 있다. 소수민족 동화정책으로 한족과의 통혼을
장려하는 정책은 최근에도 이루어지고 있다. 〈中신장의 민족 동화정책…
소수민족-한족 결혼시 장려금〉, 《연합뉴스》 2014년 9월 3일.
https://www.yna.co.kr/view/AKR20140903060000097

13 〈为什么有些人洋气, 有些人土气?〉, 《自由微信》 2016년 2월 2일.
https://freewechat.com/a/MzA5NDk3MzY4NA==/402496990/1

14 Meng Zhang, 앞의 논문, 2012, pp.444~445.

15 Barbara E. Hopkins, 앞의 논문, 2008.

16 '골상'은 얼굴 골격에 나타난 상(相)이라는 뜻이다. 골상이 아름답다고 뽑힌
여자 연예인은 장쯔이, 장바이즈, 궁리 등이며, 골상과 대비되는 피상(皮相)
미인은 판빙빙, 안젤라베이비 등이다.

17 〈低级脸or高级脸, 都是大美女, 咋就这么不一样?〉, 《搜狐》 2017년
10월 17일.
https://www.sohu.com/a/198524741_602267

18 1장 3. 중국의 현대화 프로젝트와 코즈모폴리턴 여성상 참조.

19 성형외과 의사 시성판은 미 기준의 다양화가 과거의 미적 특질을 전복한
    것이라고 말한다. "사람들은 과잉 주사를 맞은 것 같은 '안젤라베이비'의
    얼굴에 질렸다", "같은 조립라인에서 생산된 것 같다"는 것이다.

20 에이전시는 왕홍이 콘텐츠를 제작하는 것을 지원하고 제휴 채널에
    보급하며 광고 수익의 일부를 나눠 준다. 윤야오 테크놀로지의 CEO
    황이는 중국의 대표적 MCN(Multi Channel Network)인 '모차비디오'를
    운영하는데 대부분 1, 2선 도시의 왕홍과 계약했다. 웨이보에서 방송을
    보는 사람들 중에는 3, 4선 도시 사람들이 많고 이들이 1, 2선 도시민의
    라이프 스타일과 소비 수준을 지향하기 때문이다. (앞의 기사,《Platum》,
    2017년 9월 14일. https://platum.kr.archives/87952)

21 "중국에서 모바일 데이터 사용자 수는 7.53억 명을 넘으며 왕홍 팬(팔로위)
    수는 2016년 3.9억 명에서 2017년 4.7억 명으로 20.6퍼센트가 증가했다.
    i-research 조사에 따르면 2017년 중국 왕홍 수는 100만 명을 넘으며
    그중 82.5퍼센트는 외모가 출중한 젊은 여성이었다. 또한 2017년 왕홍의
    평균 월봉은 2만 위안(340만 원)으로 대학교 졸업 6개월 후 취직자의 평균
    월봉인 4317위안 대비 약 4.6배 수준이었다" (정승은·선우진·김명수,〈여성의
    사치는 무죄〉,《유안타리서치 Global Market Analysis》2018년 6월 19일, 42쪽)

22 〈网红脸是我们的时代审美吗？我们为什么爱它又为什么讨厌它？〉
    2017년 1월 18일.
    https://mp.weixin.qq.com/s?__biz=MzA5NDk3MzY4NA==&mid=2652
    282036&idx=1&sn=e92eadce2279ffc8176376f15cfcecd0&chksm=8ba44
    72fbcd3ce3960d85566d2e8d5dc3d

23 5장 3. 투치(土气)와 양치(洋气) 참조.

24 청춘밥은 '친춘판'이라고 발음되는데, 친춘은 청춘을 의미하며, 판은 밥,
    식사를 뜻하고 동시에 직업이라는 의미도 있다. 즉, 젊음과 미모를 내세워

돈을 버는 직업을 지칭한다. (Jie Yang, "Nennu and Shunu: Gender, Body Politics, and the Beauty Economy in China," *Signs* 36(2), 2011, pp.333~357)

25 Wu Peiyue, 〈The True Face of China's Plastic Surgery Clinics〉,《Sixth Tone》2020년 3월 13일.

https://www.sixthtone.com/news/1005305/the-true-face-of-chinas-plastic-surgery-clinics

26 Wu Peiyue, 위의 글, 2020년 3월 13일.

27 Wu Peiyue, 위의 글, 2020년 3월 13일.

28 〈Chinese Online Celebrities Go Under The Knife for Success〉,《The Wall Street Journal》2017년 4월 14일.

https://www.youtube.com/watch?v=NEcC8Wlvs7M&list=PLzlo59MH4Yb3aFQB-vsygvHkhYz4PFPOW

29 앞서 고급 얼굴과 저급 얼굴 논의에서 밝힌 것처럼 좀 더 다양한 미적 이상들이 생겨났다는 점을 강조한다.

30 앞의 기사,《노컷뉴스》2007년 3월 12일.

31 3장 1. China Dream을 좇는 한국 의사들 참조.

32 3장 1-3. 중국에 진출한 한국 미용성형과 '한국 스타일'의 차용 참조. 2017년 한국 사드 배치로 인한 한한령, 한국 제품 불매운동 등 반한(反韓) 정서가 심화된 상황 때문인지, 최근에는 아시아 스타일이라는 단어가 주로 사용된다. '한국 스타일'이라는 말에는 한국에서 유행하는, 한국의 발전된 성형수술 기술과 같은 의미들도 포함되어 있었다. 이에 비해 아시아 스타일은 한국에 우월적 지위를 부여하지는 않는다.

33 发布于,〈混血脸到底哪里好看?〉,《知乎》2020년 1월 2일.

https://zhuanlan.zhihu.com/p/100630515

34 新氧美容App,〈她才是整得最成功的高级混血脸啊!〉,《新闻中心》2018년 11월 23일.

http://k.sina.com.cn/article_3609583895_d725e11701900gg0u.html?cre=
tianyi&mod=pcpager_focus&loc=34&r=9&doct=0&rfunc=100&tj=none
&tr=9#/

35 M微整形上海整形医院,〈全攻略来了!路人脸应该这样整才能变成混血
童颜〉,《微博》.2018년 11월 21일.

참고문헌

단행본

니엔쳉 지음, 박미숙·박국용 옮김,《상하이의 삶과 죽음》, 금토, 2016

다이진화 지음, 배연희 옮김,《성별중국: 중국 영화와 젠더 수사학》, 여이연, 2009

다이진화 지음, 오경희 외 옮김《숨겨진 서사: 1990년대 중국대중문화 읽기》, 숙명여자대학교 출판부, 2006

더글라스 켈너 지음, 김수정·정종희 옮김,《미디어 문화》, 새물결, 2003

리타 홍 핀처 지음, 윤승리 옮김,《빅브라더에 맞서는 중국 여성들》, 산지니, 2020

마틴 자크 지음, 안세민 옮김,《중국이 세계를 지배하면: 패권국가 중국은 천하를 어떻게 바꿀 것인가?》, 부키, 2010

박은경,《판다와 샤오미》, 경향신문사, 2018

사비오 챈·마이클 자쿠어 지음, 홍선영 옮김,《중국의 슈퍼 컨슈머: 13억 중국 소비자는 무엇을 원하는가》, 부키, 2015

샌더 L. 길먼 지음, 곽재은 옮김,《성형 수술의 문화사》, 이소출판사, 2003

에번 오스노스 지음, 고기탁 옮김, 《야망의 시대: 새로운 중국의 부, 진실, 믿음》,
　　열린책들, 2015

엘리자베스 하이켄 지음, 권복규·정진영 옮김, 《비너스의 유혹: 성형수술의
　　역사》, 문학과 지성사, 2008

위화 지음, 김태성 옮김, 《사람의 목소리는 빛보다 멀리 간다: 위화, 열 개의
　　단어로 중국을 말하다》, 문학동네, 2012

조정래, 《정글만리 1》, 해냄, 2013

태희원, 《성형》, 이후, 2015

S. Heijin Lee, Christina H. Moon & Thuy Linh Nguyen Tu, *Fashion and
　　Beauty in the time of Asia*, NYU Press, 2019

Wen Hua, *Buying Beauty: Cosmetic Surgery in China*, Hong Kong
　　University Press, 2013

논문 등

Peng Jinni, 〈중국 한류 팬덤의 한국 이주와 초국적 활동〉, 연세대학교 석사학위
　　논문, 2017

Yang Yan, 〈중국도시 미혼여성의 결혼관 변화에 나타난 긴장과 갈등:
　　중국도시의 '80后''성뉘(剩女)'현상을 중심으로〉, 이화여자대학교
　　석사학위 논문, 2013

박춘순·정복희, 〈연지化粧 연구, 2: 中國에서의 연지화장 傳播와 樣相〉,
　　《한국생활과학회지》, 15-3, 2006

오박지, 〈1920년-1930년대 중국 경진지역과 상해지역의 여성 치파오 디자인
　　연구〉, 동명대학교 석사학위 논문, 2011

이웅철, 〈상하이(上海) 화이트칼라 '바링허우(80後)'의 소비행위와 태도:

소비의 사회적 속성과 새로운 관계의 형성〉,《한국문화인류학》, 44-2,
2011

정혜란, 〈이효리를 통해 본 한국의 셀러브리티 문화와 여성성〉, 서울대학교
석사학위 논문, 2018

태희원,《미용성형의료 네트워크의 재구성과 소비자/환자 주체의 형성》,
연세대학교 박사학위 논문, 2011

정승은·선우진·김명수, 〈여성의 사치는 무죄〉,《유안타리서치 Global Market
Analysis》 2018년 6월 19일

〈2015년 외국인환자 유치실적 조사결과〉,《한국보건산업진흥원》 2016년 5월

Alexander Edmonds, "Can Medicine Be Aesthetic? Disentangling Beauty and
Health in Elective Surgeries," *Medical Anthropology Quarterly* 27(2),
2013

Ashikari, Mikiko, "Cultivating Japanese Whiteness: The 'Whitening'
Cosmetics Boom and the Japanes Identity," *Journal of Material Culture*
10(1), 2005

Barbara E. Hopkins, "Western Cosmetics in a gendered development of
consumer culture in China," *Feminist Economics* 13(3-4), 2008

Cheng Ying, "China goes for beauty contests in a big way," *Chinese Education
and Society* 27(4), 1993

Croll, Elisabeth, "Not the Moon: Gendered Difference and Reflection:
Women of Reform," In *Changing Identities of Chinese Women:
Rhetoric, Experience, and Self-Perception in Twentieth-century
China*, Hong Kong: Hong Kong University Press, 1995

Eileen Otis, "China's Beauty Proletariat: The Body Politics of Hegemony in a Walmart Cosmetics Department," *Positions East Asia Cultures Critique* 24(1), 2016

Emily Raymundo, "Beauty Regimens, Beauty Regimes: Korean Beauty on Youtube," In *Fashion and Beauty in the Time of Asia*, NYU Press, 2019

Eugenia Kaw, "Medicalization of Racial Features: Asian American Women and Cosmetic Surgery," *Medical Anthropology Quarterly* 7(1), 1993

Evans, Harriet, "Making Femininity: Images of the Modern Chinese Woman," In *China beyond the Headlines*, eds. Timonthy B. Weston and Lionel M. Jensen, Lanham: Rowman & Littlefield Publishers, 2000

Gao, Yunxiang, "Nationalist and Feminist Discourses on Jianmei(Robust Beauty) during China's 'National Crisis' in the 1930s.," *Gender and History* 18(3), 2006

Guo, Jianfeng, Fan Xiaofeng and Cai Renhua.上海今起招募奧運頒獎小姐 (Shanghai Started to Recruit Ceremony Hostesses of the Olympics). 新民晚報(Xinmin Evening News), February 13, A01-A022). 2008

Hung, Kineta & Li, Stella Yiyan, "Images of the Contemporary Woman in Advertising in China," *Journal of International Consumer Marketing* 19(2), 2006

Jaehee Jung, "Young Women's Perceptions of Traditional and Contemporary Female Beauty Ideals in China," *Family and Consumer Sciences Research Journal* 47(1), 2018

Jie Yang, "Nennu and Shunu: Gender, Body Politics, and the Beauty Economy in China," *Signs* 36(2), 2011

Lee, Sharon Heijin, "Lessons from "Around the world with Oprah": Neoliberalism, race, and the (geo)politics of beauty," *Women & Performance: a journal of feminist theory* 18(1), 2008

Louisa Schein, "The Consumption of Color and the Politics of White Skin in
     Post-Mao China," *SocialText*, No. 41, 1994

Man, Eva K. W., "Female bodily aesthetics, politics, and feminine ideals
     of beauty in China," In *Beauty Matters*, eds. Peggy Z. Brand,
     Bloomington and Indianapolis: Indiana University Press, 2000

Meng Zhang, "A Chinese beauty story: how college women in China
     negotiate beauty, body image, and mass media," *Chinese Journal of
     Communication* 5(4), 2012

Meng Zhang, "Beauty Paegents in Neoliberal China: A Feminist Media Study
     of Femine Beauty and Chinese Culture," (Doctoral dissertation), The
     University of Florida, 2013

Ruth Holliday & Joanna Elfving-Hwang, "Gender, Globalization and
     Cosmetic Surgery in South Korea," *Body & Society* 18(2), 2012

Ruth Holliday, David Bell, Olive Cheung, Meredith Jones & Elspeth Probyn,
     "Brief Encounters: Assembling cosmetic surgery tourism," *Social
     Science & Medicine* 124, 2014

S. Heijin Lee, "Beauty between Empires: Global Feminisms, Plastic Surgery,
     and the Trouble with Self-Esteem," In *Fashion and Beauty in the
     Time of Asia*, NYU Press, 2019

Sally E. McWilliams, "People don't attack you if you dress fancy: Consuming
     Femininity in Contemporary China," *Women's Studies Quarterly* 41,
     2013

Wang, Wei(王煒), 中國整形美容外科的歷史和發展 (The History
     and the Development of Chinese Plastic and Cosmetic Surgery),
     中華醫學美學美容雜誌(Chinese Journal of Medical Surgery). Aesthetics
     and Cosmetology) 13(1), 2007

Wei Luo, "Aching for the Modern Body: Chinese Women's Consumption of
   Cosmetic Surgery", (Doctoral dissertation), The University of Utah, 2008

Wei Luo, "Aching for the altered body: Beauty economy and Chinese
   women's consumption of cosmetic surgery," *Women's Studies
   International Forum* 38, 2013

Wei Luo, "Selling Cosmetic Surgery and Beauty Ideals: The Female
   Body in the Web Sites of Chinese Hospitals," *Women's Studies in
   Communication* 35(1), 2012

Wu, Hao(吳昊), 中國婦女服飾與身體革命(The Revolution of Chinese Women's
   Clothing and Body). 5 上海:東方出版中心(Shanghai: The Orient
   Publishing Center), 2008

X Zhao & RW Belk, "Advertising Consumer Culture in 1930s Shanghai:
   Globalization and Localization in Yuefenpai," *Journal of Advertising*
   37(2), 2008

Xu & Feiner, "Meinu Jingji/China's beauty economy: Buying looks, shifting
   value, and changing place," *Feminist Economics* 13(3-4), 2007

Zhang Disheng(張滌生), 我國美容外科發展及現狀(The
   Development and Current Situation of Cosmetic Surgery in
   China).中華醫學美學美容雜誌(Chinese Journal of Medical Aesthetics and
   Cosmetology) 9(4), 2003

Zhang Disheng(張滌生), 現代美容外科之我見(My View on Modern Cosmetic
   Surgery).中國實用美容整形外科雜誌(Journal of Practical Aesthetic and
   Plastic Surgery) 16: foldout, 2005